어린 개가 짖다

어린 개가 왔다

정이현 산문

우리에게 어떤 일이 있을까.
오늘 그리고 내일 또 내일에는.

차례

들어가는글 이야기는 시작되었다 • 11

I.
모든 강아지가 개라는 걸 처음 안 사람처럼

아주 먼 곳의 강아지 • 19

부서지기 쉬운 • 24

글로 배운 모든 것 • 32

하물며 알 수 없음 • 40

안과 밖 • 47

흰 종이에 나무 한 그루 • 55

발이 큰 아이 • 63

강아지똥 • 69

너의 이름은 • 77

2.

개와 나 사이

그의 마음을 가만히 • 85

오해가 있는 풍경 • 88

너 하나 나 하나 • 93

몸과 마음 사이 • 98

비자발적 산책자의 탄생 • 106

루틴에 대하여 • 113

충분하다 • 119

그냥 개예요 • 124

너무 크거나 너무 크지 않은 • 129

웃음이 나옵니까? • 136

커뮤니케이션의 이해 • 142

3.
너는 언제나 나보다 크다

동반? 가능한데 불가능합니다 • 153

오늘 마감 이유 • 158

앙농, 나는 루돌이얌 • 166

루돌이 엄마 • 172

개를 찾습니다 • 180

비포/애프터 • 187

영원히 아기 • 192

시티 도그 • 198

한밤의 애도 • 204

감당하는 사랑 • 212

언제까지나 기다리기 • 219

에필로그 당신의 '어린 개'는 무엇인가요? • 224

추천의 말 • 230

들어가는 글

이야기는 시작되었다

나는 동물을 만지지 못하는 엄마 밑에서 자랐다. 엄마가 동물을 특별히 싫어했다기보다는 무서워했던 게 아닌가 짐작한다. 어릴 적 가까이 지낸 사촌 언니들도 개를 무서워했다. 대문 앞에 '개 조심'이라고 써 붙인 집들이 종종 있었는데 언니들은 그쪽으로 가면 큰일 난다면서 내 손을 잡아끌고 먼 길로 돌았다.

학창 시절 친구가 작고 흰 몰티즈를 키웠다. 그 집에 처음으로 놀러 간 날, 친구는 한번 안아보라면서 강아지를 내게 건네주려 했다. 나도 모르게 움찔 뒤로 물러섰다. 내가 기꺼이 손을 뻗지 못한 이유를 두고두고 생각해보았다. 촉감 때문인 듯싶었다. 뭉클거리고 꿈틀거리는, 살아 있는 생명의 촉감. 동물과 가까이 접촉할 기회를 오랫동안 열심히 피해 다녔다.

동물을 키울 엄두를 내지 못한 이유가 하나 더 있었다. 내가 '습관성 식물 킬러'라는 사실. 화분을 선물 받으면 당황스럽기부터 했다. 멀리서 누가 화분을 들고 다가오는 모습만 봐도 가슴이 벌렁거렸다. 그 화분에 심긴 식물이 무엇인지는 중요하지 않았다. 현재 살아 있다는 것, 그것만이 중요했다. 내 손으로 넘어온 식물은 얼마 지나지 않아 시들어 곧 수명을 달리할 것이 확실하기 때문이다.

안 죽이면 되지 않느냐고? 그건 마음대로 할 수 있는 영역이 아니다. 말하자면 확률의 문제인데 슬프게도 생존 케이스는 희귀했다. 새 화분이 생긴다고 달라질 리 없었다. 식물을 생존시키고자 나는 할 수 있는 한 모든 에너지를 쏟겠지만 어김없이 실패할 테고…… 그러면 또다시 괴로워질 테고…… 상상의 무한궤도가 펼쳐졌다.

지금껏 어떤 식물도 자발적으로 집에 들인 적 없는 내가 동물이라고 다를 리 있겠는가? 나에게도 그 정도 분별

력은 있었다. 한마디로 말해서 책임지지 못할 일, 그래서 나도 남도 괴로워질 가능성이 있는 일에는 발가락조차 담그고 싶지 않았다.

그런데 그 일이 일어났다. 일어나버렸다.

2022년 12월, 개와 동거하는 삶이 어떤 것인지 전혀 알지 못한 채 생후 3개월 차 강아지 한 마리를 입양하게 됐다. 그 직후 혼돈과 갈등과 부적응의 나날을 보내면서 가장 자주 중얼거린 말은 "어떡하지"였다. 어떡해, 어떡하냐, 어떡할까도 포함한다면 깨어 있는 동안 내가 뱉어낸 언어는 오로지 그뿐이었다고 해도 과언이 아니다. 어린 개를 이미 집에 데려다놓은 뒤였다. 여러모로 적절치 못했다. 그래서 더욱 걱정과 근심 말고는 할 수 있는 게 없었다. 내 걱정과 근심의 소리를 들은 친구들이 농담처럼 말했다. "할 수 있는 거 하나 더 있잖아. 쓰는 거." 그래서 쓰기 시작했다. 개 키우는 얘기를 쓰고 싶어서라기보다 다른 얘기는 도저히 쓸 수가 없어서.

이 책이 어떤 책이냐고 묻는다면 그저 개 한 마리와 사는 사람의 이야기라고 답하겠다. 어느 날 비자발적으로 어린 개와 살게 된 초보 반려인의 좌충우돌 모험담이자 어설픈 분투기라고. 부제를 붙인다면 '어린 개가 아니었으면 모르고 살았을 것들' 혹은 '어린 개가 아니었으면 모르고 살았겠지만 모르는지도 몰랐을 것들'이라고 하고 싶다.

관성대로 살던 사람이 갑작스럽게 새로운 상황에 맞닥뜨려 서서히 다른 존재로 바뀌어가는 서사를 나는 오랫동안 흠모해왔다. 설마 이런 날이 올 줄 짐작했던 것인가. 그런데 서서히 다른 존재로 바뀌어갔다는 표현의 진정한 주인공은 내가 아니라 어린 개다. 그는 지리산 언저리의 보호소에서 혈혈단신 서울로 왔다. 살기 위해 왔다. 인간과 닿아본 적 없는 아기 강아지가 하필 개를 만지지도 못하는 인간에게 와서 고생이 참 많았다. 내 두려움이 아무리 컸대도 녀석의 그것과는 비교가 되지 않을 것이다. 어린 개의 필사적인 용기에 대해, 하루하루의 그 마음에 대해 이제야 나는 헤아려본다.

♦♦♦

개가 왔다.

강아지인 줄 알았는데. 분명히 그런 줄 알았는데.

모든 강아지가 개라는 걸 처음 알게 된 사람처럼 나는 상자 속의 어린 개를 어리둥절하게 바라보았다. 어린 개도 나를 멀뚱히 바라보았다.

이야기는 이제 시작이다.

1

모든 강아지가 개라는 걸 처음 안 사람처럼

아주 먼 곳의 강아지

2022년 12월 3일, 평범한 저녁이었다. 10대인 B와 C, 그리고 나는 소파에 앉아 제각기 휴대폰을 들여다보고 있었다.

"어떡해. 혼자 남았대."

어느 순간 그들은 머리를 맞대고서 심각한 표정을 지었다. 시간 날 때마다 각 지역 유기 동물 보호소의 SNS를 둘러보는 것이 그 무렵 이들의 주요 일과였다. 나는 B의 휴대폰 화면을 흘끗 넘겨다보았다. 눈도 채 뜨지 않은 아주 작은 강아지였다.

그들은 간절히 개를 키우고 싶어 했다. 여기에는 사연

이 하나 있었다. 몇 해 전 빌라 마당에 아픈 아기 고양이 한 마리가 나타났다. 입양자를 찾기 전까지 짧은 기간 임시 보호를 하게 됐다. 그런데 첫날부터 나에게 극심한 고양이 알레르기가 발현되었다. 고양이 침이 묻은 밥그릇 근처에만 가도 눈알부터 시작하여 얼굴 전체가 퉁퉁 부었다. '임보'를 하는 동안 나는 가려워서 엉엉 울다가 항알레르기 약제에 취해 몽롱해 있기를 반복하느라 저 태생적인 마음의 부담과 불안을 미처 느낄 틈이 없었다. 그때는 몰랐지만 어떤 서사 하나가 거기서 발아되고 있었다. 미래의 모든 일이 그렇듯이.

다행히 고양이 입양을 원하는 좋은 분이 금방 나타났다. 열 살 안팎이던 B와 C는 이별을 몹시 힘들어했다. 사랑하는 아기 고양이와 같이 살 수 없는 이유가 나의 알레르기 때문임을 머리로는 알아도 가슴으로는 쉽게 받아들이지 못했다. 돌이켜 보면 그때가 기회였다. 나라는 사람이 사실은 식물이든 동물이든 인간 이외의 종과 한집에서 살기 힘든 사람임을 솔직하고 소상하게 털어놓을 기회. 그러지 못한 건 미안함 때문이었을 것이다.

"알레르기 나오면 같이 살면 안 돼요?"

"그러면 좋겠지만 이게 금방 나을 것 같지는 않아."

"그럼 다른 동물은 괜찮아요?"

"(잠깐의 침묵) 그래. 그건 나중에 다시 생각해보자."

이런 대화가 오갔다는 사실을 나는 곧 잊었다. 어른의 '나중에'란 원래 그런 것이다. 안이하고 부주의하고 비겁하게도 말이다. 얼마 지나지 않아 그들은 "그러면 강아지"라고 조르기 시작했다. 해가 갈수록 그 강도가 세졌다. 어릴 적 길고양이를 구조해 임시 보호하고 입양 보냈던 기억 때문인지 '사지 마세요, 입양하세요'라는 캐치프레이즈를 강력하게 외치며 유기견 보호소의 SNS 계정들을 팔로해두고 틈만 나면 들여다보았다. 유기견 구조와 입양 소식을 자매끼리 공유하고, 특히 불쌍하고 눈에 밟히는 개가 있으면(당연히 매우 자주 있었다!) 공들여 지켜보며 좋은 집에 입양되어 가기를 기도했다. 그들이 말하는 '좋은 집'의 1순위는 본인의 집. 즉 내가 사는 집이었다.

그때마다 애써 무시했다. 반려견이라니. 가당치도 않았다. 자녀들이 졸라서 반려동물을 입양한 뒤 누구도 아닌 엄마가 그와 관련된 모든 현실적인 뒷바라지와 돌봄의 책임을 떠맡았다는 사연은 너무도 흔했다. 당장 내 주변에도 그런 여성이 예닐곱 명은 되었다. 나는 그럴 만한 사람이 아니었다. 또한 무엇보다 그럴 시기가 아니었다.

나는 수년 동안 출간을 하지 못하는 소설가였다. 표면상 작업을 쉬지 않는 것처럼 보였을지 몰라도 실질적으로는 제대로 성과를 내고 있지 못하다는 자괴감에 시달렸다. 여러 이유가 있겠지만 돌봄 노동도 그중 하나였다. 그렇지만 이제 졸업의 고지에 다다른 것도 분명했다. 아이들은 10대였고, 사춘기라는 복병이 있을지언정 1차원적인 돌봄의 손길은 거의 필요 없었다. 몇 해 동안 세상을 뒤덮은 팬데믹도 끝나가고 있었다.

2022년 겨울, 나는 아주 오랜만에 삶과 작업에 대해 대체로 긍정적인 시간을 보내는 상태였다. 중단했던 몇 가지 유의미한 작업을 다시 시작해 이어가는 중이었고, 무기한 연기했던 출간 약속들을 지킬 수 있다고 조심스레 믿게 되었다. 정말로 어렵게 오랜 시간에 걸쳐 겨우 만들어놓은 아슬아슬한 균형이었다. 여기에 깃털 하나만 얹

는대도 무너질지 몰랐다. 다시 주저앉아야 할지도.

화면 속의 강아지는 동그랗고 하얀 털 뭉치 같았다. 눈도 채 뜨지 못한 아주 어리고 작은 강아지였다. 안전하고 따뜻한 곳, 예를 들어 인큐베이터 같은 데에 넣지 않으면 오늘 밤 당장 어떻게 되어버릴 것처럼 보였다.

"아, 어쩜 좋니."

나도 모르게 탄식이 흘러나왔다. 특별한 의미는 없었다. 보편적인 정도의 인류애를 지닌 인간이라면 누구나 그랬을 것이다. 보호소는 집에서 아주 먼 곳이었다.

★
부서지기 쉬운

  평소 개에 관해 아무 관심을 보이지 않던 나의 작은 탄식이 불러일으킨 효과는 꽤 컸다. 나를 제외한 3인은 꿈에 부풀었다. 남편인 A도 마찬가지였다. 그는 일찍부터 자신이 개라는 종과 몹시 가깝다고 주장해온 사람이었다. 미취학 시절부터 마당에서 개를 키웠는데 여섯 살 무렵엔가 갑자기 집 안에서 실종된 자신이 개집에서 개밥을 나눠 먹고 있다가 발견되기도 했단다. 견종과의 친연성을 아무리 강조해도 지나치지 않다는 게 요점이었다. 구성원 중 무려 75퍼센트가 반려견 입양을 강력하게 원했다. 그들이 25퍼센트의 철벽에 생긴 얄따란 틈을 놓칠

리 없었다.

  75퍼센트들은 날이 밝으면 보호소에 연락해 강아지를 데려올 수 있는지 묻기로 한 눈치였다. 그런데 다음 날 SNS에 새 피드가 올라왔다. 어제 그 아기 강아지(흰색 털뭉치)의 입양 확정 공고였다. 다른 분이 데려가기로 최종 결정 되었다고 했다. B와 C는 낙담했다. 너무나 다행이지만 한편으론 너무나 속상하다고 했다. 조금만 더 서둘렀으면 우리와 함께 살았을 거라고 훌쩍였다. 우리와 함께라니. 그게 누구지. 나는 멍하니 생각했다.

  "울지 말자. 우리 도움이 필요한 다른 강아지가 또 있을 거야."

  어디선가 환청 같은 소리가 들렸다. 나는 아무 말도 하지 못했다. 긍정의 형태도 부정의 형태도 아니었다. 진공 상태에서 오는 순수한 침묵이었다. 75퍼센트가 '도움이 필요한 다른 강아지'를 찾아내기까지 오래 걸리지 않았다. 세상에는 그런 개가 굉장히 많으니까.

  같은 보호소의 다른 강아지였다. 역시 그 강아지의 형제들은 다 입양이 결정되었다고 했다. 곧 혼자 남게 될 예정이라고 했다.

흰색 털과 검은색 털이 불규칙한 패턴으로 섞인 얼룩 강아지였다. 작달막한 사각형의 생김새가 단단하고 다부져 보였다. 화면 속 강아지에겐 미안하지만 어딘지 모르게 '깍두기'라는 단어를 연상시키는 면모가 있다고 나는 생각했다.

"바둑이네."

누군가 말했다. 초등학교 1학년 1학기 국어 교과서 속의 그 철수와 바둑이. 나는 무심결에 고개를 끄덕였으나 그때까지만 해도 바둑이란 '옛날에 동네마다 흔하던 개'를 부르는 일종의 상징적 명칭인 줄만 알았다. 진짜 바둑돌의 흑백 색깔에서 따온 이름임을 여태 모르고 살았다. 내가 모르고 살아온 것은 또 얼마나 많을 텐가.

성별: 남
생후: 3개월 추정
체중: 3킬로그램 추정
인근 마을에서 모견과 형제들과 포획됨

모든 존재에게는 사연이 있다. 바둑이에게도 그랬다. 3개월령 추정, 3킬로그램 추정. 입양 홍보 계정에 올라온 바둑이에 대한 짧은 설명 뒤에는 '추정'이라는 단어가 꼬리처럼 붙어 있었다. 인간이 모르는, 인간의 손이 닿지 않은 어떤 시간에서 도착했다는 의미 같았다. 바둑이는 수컷이었고, 험준한 명산 자락의 한 마을에서 모견과 남매들과 함께 있다가 발견되었다. 아마도 엄마는 산과 들을 떠돌아다니는 개였을 것이고 아빠도 비슷하리라 추측할 수 있었다. 모견은 흰털의 중소형 믹스였다. 유기견 보호소에 들어왔을 때 바둑이네 식구의 건강 상태는 모두 양호했다고 한다. 특이점이라면 엄마를 포함한 네 마리의 생김새가 제각각이라는 것. 넷이 함께 찍은 사진을 봐도 서로 닮은 데라고는 없어 보이는 가족이었다.

남매들 사이의 유일한 여아이자 가장 작은 강아지가 제일 먼저 입양되어 떠났다. 두 번째 강아지도 이미 입양처가 확정되어 있었다. 그때까지만 해도 나는 일이 그렇게 쉽겠어 하며 최소한의 낙관을 잃지 않았다. 살면서 발등에 불 떨어진 줄도 모르고 있다가 큰일 났던 경험이 한

두 번도 아닌데 말이다.

"입양 신청서를 쓰면 바로 데려올 수 있다는데?"

입양은 일사천리로 진행되었다. 이렇게 걸릴 것 없이 진행되어도 되나 의아스러울 정도였다. 보호소 SNS에 새 피드가 올라왔다. 세상에, 바둑이 사진에 '입양 확정'이라는 글씨가 박혀 있었다. 모든 존재에게는 사연이 있다. 당연했다. 그렇지만 바둑이가 아니라 내 입장에서 생각해본다면 그것이 생판 남의 사연일 때와 그렇지 않을 때는 명백하게 달랐다. 나는 이미 나이가 많았고 지금까지 맺어온 인연들로도 삶은 충분했다. 충분하고도 넘쳐서 자주 버거웠다. 버거워서 도망치고 싶은 날이 많았다.

내 복잡한 속내와 무관하게 바둑이가 오는 날이 정해졌다. 통제할 수 없는 어떤 일 앞에서 다른 사람들은 맨 먼저 뭘 하는지 모르겠다. 나는 방공호에 숨으러 가듯 서점으로 달려간다. 우선 개라는 단어가 들어간 책을 닥치는 대로 샀다.

강렬하게 이끌린 제목은 '당신은 개를 키우면 안 된다'였음을 밝혀두며, 그 외에 구입한 책들의 목록은 《개의 마음을 읽는 법》《그 개는 정말 좋아서 꼬리를 흔들었을까?》《개, 어떻게 가르쳐야 하는가》《우리 강아지 명견 만들기》《당신의 몸짓은 개에게 무엇을 말하는가?》《개와 나》등등이다.

무심코 캐럴라인 냅의 《개와 나》를 펼쳤다가 화들짝 놀라서 덮었다. "나는 이 개를 사랑한다"라는 문장을 보았기 때문이다.

그리고 마침내 화면 속의 바둑이가 도착했다.

정현종 시인의 시 〈방문객〉을 처음 알게 된 건 오래전 누군가의 결혼식이었다고 기억한다. 주례를 맡은 분이 그 시를 낭송했다. 조금 떨리는 음성으로, 나지막하게. 바둑이가 집에 온 첫 밤, 나는 그 시를 다시 떠올릴 수밖에 없었다.

사람이 온다는 건

실은 어마어마한 일이다.

그는

그의 과거와

현재와

그리고

그의 미래와 함께 오기 때문이다.

한 사람의 일생이 오기 때문이다.

부서지기 쉬운

그래서 부서지기도 했을

마음이 오는 것이다 ― 그 갈피를

아마 바람은 더듬어볼 수 있을

마음,

내 마음이 그런 바람을 흉내 낸다면

필경 환대가 될 것이다.*

---

* 정현종, 〈방문객〉,《광휘의 속삭임》(문학과지성사, 2008)

그렇다. 누가 온다는 것은 정말로 어마어마한 일이다. 방금 누군가의 과거와 현재와 그리고 미래가, 한 '개'의 일생이 왔다는 것을 알았다.

✦
글로 배운 모든 것

바둑이의 고향은 우리 집에서 300킬로미터쯤 떨어진 곳이다. 일요일 대낮에 그곳을 출발한 바둑이는 저녁 7시가 넘어서야 도착했다. 배변과 구토의 흔적과 함께였다. 바둑이를 처음 본 순간을 나는 죽어도 잊을 수 없을 것이다.

"아, 너무 조그맣잖아!"

B와 C가 탄성을 질렀다. 잠깐만. 나는 눈을 비볐다. 조그맣다고? 크다 작다의 기준이 사람마다 제각각임을, 어떤 기준이든 그런 것임을 나는 새삼 깨달았다. 바둑이는 내가 상상했던 것보다 훨씬 컸다.(도무지 무엇을 상상했던

거야?) 음, 또 뭐라고 하면 좋을까, 그래, 탄탄하고 묵직해 보였다. 큰 강아지였다. 그리고 꿈틀, 움직였다. 어리벙벙하게 눈을 껌뻑이면서. 자다 일어났을까. 그렇다면 꿈이 아닌 꿈에서 깬 게 분명했다. 그 꿈과 꿈 아닌 세계의 경계가 흐트러진 옅고 뿌연 느낌을 나도 알고 있었다. 그러다 돌연히 맞닥뜨린 현실이 더 당혹스럽다는 것도 말이다.

바둑이는 A의 가슴에 안겨 집 안으로 들어왔다. 낯선 품에 안긴 바둑이는 깨갱 소리 한번 내지 않았다. 지금껏 본가를 거쳐 간 개들을 다 자기가 키웠다고 큰소리치던 그가 어쩐지 쩔쩔매는 것처럼 느껴졌다.

인생에 필요한 모든 것을 글로 배운 내가 '강아지 입양 첫날' 같은 키워드를 검색하지 않았을 리 없다. 나쁘다고 생각하지 않는다. 아무것도 안 배우는 게 나쁘지. 그러니까 내가 가장 안 좋아하는 종류의 말은 이런 거다. "고생하다 보면 저절로 알게 돼." 저절로 알게 되기까지 그 시행착오와 고난과 역경은 어쩌고요.

검색 결과에 따르면 입양 첫날 강아지에게 해주어야

할 일은 크게 세 가지로 나뉘는 듯했다. 1)잠자리 교육, 2)식사 교육, 3)배변 교육. 전생의 기억인지 무언가가 어슴푸레 떠올랐다. 이건 흡사 육아서의 목차가 아닌가. 설마 지금 내 앞에 닥친 것이 그 ×××하고 ○○○했던 신생아 육아와 비슷한 일이란 말인가. 전혀 모르는 대상에 대한 공포보다 익히 아는 것에 대한 공포가 더 큰 법이다. 육아가 어떤 것인지, 아니 육아하는 자의 삶이 어떤 것인지 나는 잘 알았다. 눈앞이 캄캄해졌다.

《베이비 위스퍼》는 친구에게 물려받은 책이다. 한때 우리는 정말로 자유롭게 이 세상 곳곳을 함께 놀러 다니는 사이였다. 그녀가 얼마나 열심히 공부했는지 페이지 곳곳에 형광펜 흔적이 가득했다. 어떤 책은 책이 아니라 마음이다. 그 책을 비법서처럼 모셔 와 정독하던 밤이 있었다. 지금도 떠오르는 E.A.S.Y.와 S.L.O.W.의 법칙. 아기가 울면 일단 멈추고 듣고 살피고 또 어떻게 하라고 했다. 그런데 멈춰서 듣고 살펴도 아기가 왜 우는지, 왜 울음을 멈추지 않는지 몰라 나도 따라 울어버리던 밤들을 다 잊고 있었다. 내 인생에서 다 지나간 줄로만 알았다. 모든 문제의 원인은 결국 나겠지, 내 잘못이겠지, 흐느끼던 긴 밤들. 내가 지금 시작하려는 것이, 뭐라고?

인간 육아계 잠자리 파트에 분리 수면 논쟁이 있다면 개 육아계에는 첨예한 울타리 교육 논쟁이 있었다. 반려동물에 관한 용어 중에 생소한 게 한두 개가 아니었지만, 일단 '울타리'가 그랬다. 물론 울타리라는 단어의 뜻이야 잘 알았다. 다만 내게 그 단어의 쓰임새란 '한 울타리' 같은 것뿐이었다. 이를테면 '학교의 울타리를 벗어나 사회에 나갔다' 말고는 평생 별로 사용할 일이 없었다. 즉 구체적인 사물로서 울타리란 어떤 모습인지, 어떤 크기와 어떤 형태와 어떤 면적을 가지는 것까지를 울타리라고 칭하는지 구체적인 형상이 그려지지 않았다.

"울타리가 뭐지?"

혼잣말로 중얼거리는데 B가 툭 대답했다.

"펜스잖아."

아아, 그렇구나, 펜스! 줄기차게 영어 학원을 보내온 보람이 있었다고 기뻐하기 전에 가슴이 콱 막혀왔다. 얘를 여기까지 키우기가 얼마나 힘들었는데, 그래도 인간은 이만큼의 세월을 들이면 이 정도는 되는데.

울타리를 권하는 전문가들은 막 새로운 집에 온 강아지가 혼란스러울 수 있으니 일정 기간 그 안에서 생활하게 하는 것이 안정에 도움을 준다고 말한다. 좁은 공간에서 배변 교육을 하면 더 쉽게 익히고, 추후 분리불안 증상 예방에 도움이 된다고도 했다. 분리불안이라니. 이것도 안다. 눈앞이 또 한 번, 아까보다 더 깜깜해졌다.

그에 맞서는 울타리 반대론자들도 만만치 않았다. 그들은 강아지에게 울타리 생활은 단점이 더 많다고 말한다. 처음부터 식구들과 접촉하며 생활하는 편이 유대감 형성에 좋고, 울타리 안에서 배변 교육이 성공한 듯 보여도 밖에 나오면 처음부터 다시 시작해야 하며, 울타리가 오히려 분리불안을 부추길 수 있다는 논리였다. 즉 옹호론자가 말하는 장점을 뒤집으면 단점이 되는 셈이다.

결정은 언제나 그렇듯 개인의 몫이었다. 역시나 관계자들의 의견도 둘로 갈렸다. 75퍼센트 대 25퍼센트.

결과는…… 25퍼센트의 승리였다. 이미 대세인 자들이

한 수 접어준 덕분이었다. '분리불안'이라는 말을 접하자마자 유의미한 불안 전조 증상을 보이는 내 모습이 심상찮아 일단 쟤를 진정시키고 보자는 차원에서 양보했을 수도 있다.

아무튼 급조한 울타리가 거실에서 바둑이를 기다리고 있었다. 그날 오후 바둑이가 고속도로에서 흔들리는 사이 내가 온 동네 애견용품점을 다 뒤져서 조립해두었다. 울타리는 울타리인데 꽤 널찍한 면적의 울타리였다. 좁으면 답답할 테고, 개가 답답해하면 내가 죄책감을 느낄 테니, 결국 내가 나를 위해 초대형 울타리여야 한다고 우겼다. 어른 몇 명이 거뜬히 누울 그 안에 미끄럼방지 패드를 깔았다. 켄넬을 넣고, 극세사 소파 쿠션을 넣고, 식기도 넣고, 배변 패드도 놓았다.

그런데 드디어 현관문을 지나 집 안에 발을 디딘 A가 바둑이를 그냥 마룻바닥에 내려놓으려고 했다. 이럴 줄 알았다. 나는 황급하게 울타리를 가리켰다. 여기, 여기, 여기. 바둑이가 울타리 안에 놓였다. 이 순간만을 기다렸다는 듯 바둑이는 몸을 둥글게 말았다. 가장 작아 보이도록. 둥글게 말면 제 몸이 사라져버리기라도 하는 듯이. 나는 그의 첫인상에 관한 조금 전의 견해를 빠르게 수정했다. 큰 강아지가 아니었다. 바둑이는 '작은 개'였다.

★
하물며 알 수 없음

 강아지를 키운다는 건 어쩌면 결혼식을 치르는 일과 비슷하다. 한 사람과 한 사람이 결혼하기로 했으면 결정해야 할 것이 어마어마하게 많다. 어디에 살 것인가 하는 문제부터 상견례는 어떻게 할 것인가 등등의 벽을 넘고 나면 본격적으로 결혼식장에 대한 고민이 시작된다. 식장은 어디로 할지, '스드메'는 어떻게 할지, 하객은 몇 명 초대할지, 식사의 단가는 어떻게 할지, 꽃은 또 어떻게 할지 등등 '식'과 관련한 크고 작은 고민들이 산적해 있다. 그리고 마침내 디데이가 지나서야 깨닫게 된다. 이제 아주 긴 하루하루가, 진짜 생활이 남아 있구나. 이 사람과 함께 그 기나긴 시간을 살아가야 하는구나. 그랬구나. 왜 가장 중요한 그 사실을 깜빡 잊었던 것만 같지?

바둑이가 우리 집에 도착한 것은 일요일 늦은 저녁이라는 사실을 간과하고 있었다. 열두 시간 뒤에 다들 집을 나서 출근과 등교를 해야 했다. 자, 그럼 이 집에 누가 남을까? '4 빼기 3'이 아니었다. '5 빼기 3'이었다. 나는 역시 산수에 약했다. 당장 내일 아침부터 이 집에 남아야 할 둘은 바둑이와 나였다.

나 역시 평소에 집에만 있는 사람은 아니었다. 그즈음 내가 추구하려고 애쓰던 생활 루틴은 가족을 모두 내보내고 나서 간단한 정리를 마치곤 노트북을 둘러메고 집을 나서는 것이었다. 집에서 1킬로미터 남짓 떨어진 공유 오피스까지는 걸어서 갔다. 그 '출근길'을 내가 얼마나 좋아했는지 모른다. 넓고 반듯하고 비교적 쾌적한 길이라 실제로 출근이라는 목적을 위해 오가는 행인이 많았다. 그 길을 걸어 목적지로 가다 보면 나도 무언가 활력 있는 사회생활이라는 걸 하고 있다는 기분, 사회적 활동을 하고 있다는 기분에 젖었다.

이 세상의 수많은 프리랜서 노동자가 그렇듯 내 출근 루틴은 타의에 의해 아주 쉽게 망가지기 일쑤였다.(구체적인 사례를 열거하고 싶지만 지면이 모자랄 것 같아 생략한다.)

급한 마감에도 주말이면 노트북 전원을 켜는 것조차 어려워지는 처지에 '월요일 아침 나 홀로 출근길'은 정말 소중했다. 그래도 입양 첫날부터 새로 온 강아지를 홀로 남겨둘 수는 없는 노릇이었다. 물론 75퍼센트는 저 어린 생명체를 두고서 출근도 등교도 하기 싫다고 속상해했지만 결국 홀로 남아야 하는 사람은 25퍼센트인 나였다. 그런 역할을 할 잉여 인간은 이 집에 오로지 나, 언제나 나, 또다시 나뿐이었다.

다음 날 아침. 마침내 바둑이와 나는 이 집에 단둘이 남겨졌다. 바둑이는 울타리 안에, 나는 그 옆 소파에 정자세로 대기했다. 일단 간밤에 잠을 설친 것은 저쪽이나 이쪽이나 마찬가지인 모양이었다. 녀석은 졸린지 혹은 내가 '진짜 주인'이 결코 아니며 '진짜 주인들'은 외출 중이라는 사실을 이미 눈치챘는지 나에게 별 관심 없는 듯 굴었다. 나로서는 다행인지 아닌지 모를 일이었다.

몇 시간을 울타리라는 안전망을 사이에 두고 붙어 앉아 면밀히 관찰한 결과 바둑이에게는 특기할 만한 점이 셋 있었다. 하나는 사료를 주는 대로 정말이지 한 톨도 남김없이 약 삼 초 내로 후룩 먹어치운다는 점이었다. 먹는다는 표현보다 마신다는 표현이 적합했다. 내가 양을 조금 주나 싶어 급히 찾아보았지만 오히려 정량보다 더 주었다는 것만 알게 되었다. 보호소 자원봉사자가 "먹는 걸 좋아해서 금방 친해질 것"이라고 했다는 말이 떠올랐다. 그렇게 먹고 나서도 빈 밥그릇을 하염없이 핥아대는 걸 보니 아직 배가 덜 찼는지, 사료가 아니면 간식이라도 줘야 하는지, 혹 배가 고파서가 아니라 마음이 허전해서 저러는지 알 수 없었다.

또 하나는 이 아이가 배변 천재라는 점이었다. 울타리에 내려놓자마자 단 한 번의 예외도 없이 배변 패드를 찾아가 대소변을 보았다. 패드가 젖으면 나는 잽싸게 새것으로 교체했다. 한번 싸면 바로 바꿔주는 게 맞는지는 잘 몰랐다. 하루에 도대체 패드를 몇 개나 써야 하는 거지? 제 대변을 밟거나 먹는(!) 일이 일어나면 어떻게 해야 하는지도 알지 못했다. 제일 알 수 없는 건 그럴 위험성에 대비해 내가 언제까지 24시간 감시 카메라가 된 심정으로 곁에 지키고 있어야 하는가였다.

 세 번째 특기할 만한 점은 바둑이가 켄넬에 제 발로 잘 들어가 있는 강아지라는 것이었다. 켄넬을 구매한 반려용품점 사장님은 처음부터 켄넬 교육이 가장 중요한데 쉽지는 않을 거라고 충고했다. 그게 맞다면 웬 행운인지 알 수 없었다. 하지만 알다시피 행운이 그렇게 쉽고 아무렇지도 않게 찾아올 리 없지 않은가. 혹시 바둑이가 켄넬에 머무는 이유가 이 집과 울타리와 나의 시선이 너무나 불편하고 불안해서는 아닐까. 저 웅크린 자세는 이 넓은 공간에서 안정감을 느낄 곳이 컴컴한 켄넬 안밖에 없다는 뜻이 아닐까. 고향에 두고 온 산천과 진짜 엄마가 그리워서는 아닐까. 알 수 없었다.

 알 수 없다는 생각이 엄습할 때마다 나는 소파에서 일어났다 앉았다를 반복했다. 그러다 보니 수십 번은 거듭했을 것이다. 도저히 이대로는 안 될 듯싶었다. 나는 반려견을 키우는 친구들에게 전화를 걸어보기로 했다. 대부분 첫마디에 소리를 질렀다. "아앗, 정말이야?" "아아앗, 너무 잘했어!" 아무도 "그런데 너는 좀 어떠니?"라고 묻지 않았다. 나는 일단 몇 시간에 걸쳐 관찰한 특기할 만한 점과 그로부터 파생된 알 수 없어 괴로운 문제들을 빠르게 열거했다.

친구 1이 말했다. "너무 과몰입하는 것 같은데." 친구 2는 말했다. "일단 걔를 그냥 좀 놔둬봐." 친구 3은 말했다. "어떻게 그렇게 하나도 모르고 데려왔어?" 비난의 어조가 전혀 아니었음에도 갑자기 눈물이 났다. 친구의 말은 틀렸다. 내가 데려온 게 아니었다. 또한 친구의 말이 맞았다. 어떤 일을 이렇게 모르고 하면 안 되었다. 하물며 생명의 일이었다. 책임의 일이었다. 나는 겨우 대답했다.

"그러니까 일이 어쩌다 이렇게 되었는지 나도 잘 모르겠어."

사려 깊은 친구가 다독여주었다.

"괜찮아. 이제부터 배우면 되지."

배우면 되는구나. 나는 눈물을 닦았다. 가르쳐줄 사람을 찾아야 했다. 모든 분야의 전문가와 연결해준다는 앱에 접속했다. '반려견 교육'을 입력했다. 교육? 교육이 아니라 훈련이라는 단어가 더 적확하지 않을까? 그 또한 알 수 없었지만 아무튼 전문가들의 사진과 프로필이 쭉 떴다. 비로소 안심이 되었다.

★
안과 밖

이 세상 모든 분야에는 전문가들이 있다. 숨은 고수들. 나는 그런 분들을 전적으로 신뢰해왔다. 몇 해 전 싱크대 배수구에 역류 현상이 생겼다. 어떻게 해도 물이 내려가지 않아 애를 먹고 있을 때 구세주처럼 등장하신 배관 수리공의 첫마디를 잊지 못한다.

"아래가 막혔는데 위를 뚫으면 안 되는 겁니다."

눈에 보이는 위쪽 문제가 아니라 밑으로 내려가는 길목이 이물질로 꽉 막혀 있다고 했다.

"먼저 어디가 막혔는지 찬찬히 찾아봐야죠. 그리고 거기서부터 시작할 겁니다."

마침 쓰던 소설도 중간에 꽉 막혀 안절부절못하던 나에게 그 말은 퍽 중의적으로 들렸다.(원래 소설 때문에 고민스러우면 어떤 말도 소설 쓰기에 대한 비유로 와닿는 경향이 있기는 하다.) 그 귀인 덕분에 배관 문제도 소설 문제도 무사히 해결할 수 있었다.

 그러나 내가 아무리 전문가들에게 경외감을 품고 있다고 해도 무조건 도움을 요청할 수는 없었다. 다짜고짜 연락하여 급히 와달라고 부탁하기에는 어떤 사건도 벌어지지 않았다. 육아 예능 프로그램의 관찰 카메라도 아니고 전문가를 모셔놓고는 "아무래도 저 바둑이에게 무슨 일이 생길 것만 같으니 한번 지켜봐주세요"라고 할 수는 없는 노릇이었다. 일단 반려견 훈련 전문가들의 연락처를 저장해놓았다. 연락을 취할 일이 부디 생기지 않기를 바라면서. 하지만 일어날 일은 곧 일어나는데!

 이틀째, 바둑이가 켄넬 안에 머무는 시간이 조금은 줄어든 듯도 했다. 울타리 안을 둘레둘레 탐색하기 시작했다. 고심하여 넣어준 장난감에 흥미를 보이는 듯도 했다. 그렇지만 손을 뻗어 머리를 쓰다듬으려 하면 한사코 몸을 피했다. 몸을 조금이라도 건드리려 할 때마다 반복적으로 그런 행동을 했는데 그중 두 번에 한 번은 마치 공격이라도 할 것처럼 살짝 으르렁거렸다. '우리만의 귀여운 강아지'와 함께 행복한 시간을 보내기를 오매불망 기다려온 B와 C는 당황해 어쩔 줄 몰랐다.

그동안 그들이 가까이서 보아온 개들은 모두 세 마리였다. 태어날 때부터 있던 친할머니 댁의 슈나우저 두 마리는 이미 나이가 많았다. 가끔 방문하는 손님들을 늘 점잖게 대하고 많은 것을 양보했다. 그 개들이 무지개다리를 건넌 후 새로 데려온 푸들은 앙증맞고 순해서 모두의 귀여움을 독차지했다. 사람이 마음껏 예뻐하고 듬뿍 사랑해주기만 하면 되는 존재. 바둑이를 데려오기 전까지 그들에게 반려견이란 그런 의미였던 모양이다. 이제 우리 어떻게 하느냐고 B가 물었다. 나야말로 벽에라도 대고 묻고 싶은 심정이었다.

그날 밤에 A가 간식을 들고 울타리 안으로 들어갔다. 간식을 손바닥에 올리고 한 알씩 먹게 하면서 다른 손으로 바둑이를 쓰다듬어보겠다는 원대한 계획이었다. 나머지 셋은 숨을 멈추고 그 모습을 지켜보았다. 계획은 실패로 돌아갔다. 심지어 그는 비명과 함께 패퇴했다. 머리 쪽으로 손바닥을 가까이 가져가는 순간 바둑이의 입이 휙 먼저 달려들었기 때문이다. 어린 개의 이빨에 손가락을 긁혔다고 했다.

"일부러 문 건 아니야. 그냥 스쳤을 뿐이야."

그는 손가락에 소독약을 바르면서 그저 사고에 불과했음을 거푸 강조했다. 원하면 바둑이가 울타리 밖으로 나올 수 있게끔 문을 살그머니 열어두었지만 나오려는 움직임은 보이지 않았다. 이틀째 밤도 그렇게 저물었다.

다음 날 바둑이는 어제보다 한층 활발해진 듯 보였다. 울타리를 앞발로 붙들고 계속 일어서려고 시도하기, 벽을 타고 점프하기, 울타리의 나무 문을 이빨로 갉기, 배변 패드를 장난감처럼 물어뜯기 등등. 나오고 싶어서 하는 행동인 것 같기는 한데 정확히 왜 그러는지는 알쏭달쏭하기만 했다. 아이들은 하교하자마자 단거리 육상 선수처럼 집으로 달려왔다. C가 쓰다듬으려다가 또 휙 손등을 긁혔다. B와 C는 스트레스 때문이 분명하다며 바둑이를 당장 꺼내주어야 한다고 주장하기 시작했다.

"누가 몰라?"

나는 소리쳤다. 설마 내가 바둑이를 영원히 거기에 둘 계획이겠는가. 어차피 며칠이었다. 이제 꺼내야 하는 순간이 다가오고 있었다. 아니 어쩌면 늦었는지도 몰랐다. 그런데 언제, 어떻게? 그리고 누가? 나는 고개를 저었다. 울타리를 설치하기 전에 철거까지 구체적인 설계도를 미리 그려두었어야 마땅했다. 설계 도면 비슷한 것이라도. 바둑이가 스스로 울타리를 탈출하겠다는 의지를 표명하듯이 켄넬을 흔들어댔다. 이윽고 켄넬 위에 올라타려고 했다. 이제 나오게 해야 하나? 내가 할 수 있을까? 잠깐만. 나는 숨을 골랐다. 그 물음표의 수신자는 나였다. 바둑이가 오고 벌써 사흘째 나는 최소한의 일상생활 외에는 오로지 강아지 울타리 옆에 붙어 앉아 인간 CCTV 기능을 수행하며 시간을 보내는 중이었다. 할 수 있겠느냐는 질문은 필연적으로 수신자를 딜레마에 빠지게 한다. 할 수 없다고 대답하면 나는 고작 그 정도도 처리 못 하는, 어른 같지 않은 어른이 된다. 반면 할 수 있다고 대답하면 정말로 나의 책임하에 그걸 해야 했다. 어느 쪽을 선택해도 지는 경기였다. 사람의 손길을 거부하는 개 옆에서 한 번도 원한 적 없는 삶을 도대체 언제까지 살아야 하는 걸까. 반려견 훈련사의 전화번호를 누를 타이밍은 예상보다 조속히 왔다.

언제 방문하면 되느냐는 훈련사의 물음에 나는 숨도 쉬지 않고 대답했다.

"가능한 한 가장 빠른 시간에요."

"빠른 시간이요?"

"네. 지금 강아지가 울타리에 있는데…… 밖으로 나와야 하는데…… 저희가 아직 강아지를 제대로 만지지를 못해서……."

횡설수설 설명하면서 내 어리석음을 고백하는 듯한 내용에 스스로 기가 찼다. 잠깐 침묵이 흘렀다. 훈련사가 그러면 오늘 저녁 시간을 비워보겠노라고 대답했다. 훈련사는 쭉 뻗은 나무처럼 키가 아주 큰 분이었다. 평소와 다른 공기를 느꼈는지 바둑이는 켄넬에 들어가서 지금껏 들어보지 못했던 깊고 낮은 소리로 그릉거렸다.

"어떤 도움이 가장 필요하신가요?"

아, '가장'이라니. 강조형 표현이 이토록 야박하게 들릴 수가. 필요로 하는 도움이 너무 많아서 셀 수 없는 판국이었다. 나는 작게 중얼거렸다.

"저, 그러니까, 우선 만져야 할 것 같기는 한데요."

훈련사는 과연 경험이 풍부한 분이었다. 아주 짧게 당혹의 감정이 그의 눈빛을 스쳤으나 곧 평정을 되찾았다.

"아이가 울타리 밖으로 나온 적 있습니까?"

"아니요, 문은 열어줘봤지만 안 나와요."

강아지의 기색을 살피던 그가 물었다.

"잠깐만. 그런데 바깥에 나오고 싶어 하는 건 맞나요?"

발상을 전환한 질문이었다.

"그, 그러지 않을까요……."

내가 자신 없는 목소리로 대답했다.

"보호자님."

그는 단호한 음성으로 말했다.

"저 친구는 이 문을 못 나옵니다."

허를 찔린 표정으로 우리는 서로를 바라보았다.

"혼자 힘으로는 도저히 나올 수가 없는 친구예요."

"왜요?"

"너무나 겁이 많고, 엄청나게 예민해서요."

믿고 있던 세계가 기우뚱 이상한 방향으로 기울었다.

✱
흰 종이에 나무 한 그루

 훈련사는 한 치의 망설임도 없이 곧장 행동에 돌입했다. 먼저 울타리의 문을 있는 대로 활짝 열어젖혔다. 그리고 간식을 한 알씩 바닥에 던지며 바둑이를 켄넬 밖으로 유인했다. 바둑이는 슬로 모션으로 아주 느릿느릿, 바닥의 간식을 먹으며 조금씩 조금씩, 전진했다. 숨소리도 내지 못하고 나는 그 모습을 보았다. 울타리 앞까지 거의 다 다랐을 때 드디어 간식이 울타리 밖 마룻바닥에 던져졌다. 바둑이는 앞발을 슬쩍 들었다가 그만 문턱을 넘지 못하고 허공에서 발을 멈추었다. 울타리의 안과 밖, 그 사이를 스스로 넘지 못하고 어린 강아지는 경계선 위에 주저

앉아 꼼짝도 하지 못했다. 이 세상이 따라서 정지했다.

쉽게 설명해보겠다고 훈련사는 말했다. 지금부터 하려는 이야기가 쉬운 것이 아니라는 의미였다.

"개마다 타고난 성격이 다 다릅니다. 사회성도 다르고요. 이 아이의 경우엔 사람에 대해서 그냥 백지상태라고 보면 될 것 같습니다."

타고나기도 예민하고 내성적인 데다 길에서 태어나 아기 때 보호소에 들어간 이래 지금껏 사람의 손을 탄 적 없는 개. 그러므로 사람이 하는 모든 행동을 이해할 수 없어서 잔뜩 겁을 먹은 개. 그것이 바둑이에 대한 전문가의 의견이었다. 무엇보다 바둑이의 눈빛이 그것을 증명한다고 했다.

"저 아이 눈을 한번 보세요."

차마 볼 수가 없었다. 태어나서 지금까지 몇 달간 바둑이가 살아온 생을 복기해보았다. 그는 산이 아니면 들, 어쨌든 길 위에서 태어났다. 쫓기고 배고픈 순간이 자주 있었겠지만 엄마의 보호 밑에서 형제들과 함께 컸다. 태어난 지 3개월 무렵 엄마와 형제들과 함께 포획되어 보호소에 왔다. 넷이 한 울타리 안에 있었다. 그때 사진을 보면 엄마를 중심으로 강아지 세 마리가 꼭 붙어 있다. 어미는 무표정한 데 비해 어린 강아지들의 눈빛에서는 장난꾸러기 같은 작은 활력도 느껴진다. 바둑이는 거기가 어떤 곳이라고 생각했을까. 얼마 지나지 않아 형제들이 하나하나 그곳을 떠났다. 바둑이는 엄마와 맨 마지막까지 남겨진 아이였다.

서울로 떠나오기 전날 임시 보호처에서 자기는 했지만 하룻밤일 뿐이었다. 그날 찍힌 동영상을 보면 처음 들어가 보는 가정집의 환경이 신기한지 여기저기 냄새를 맡으며 빨빨거리고 있었다. 임보처의 다른 개들에게 겁도 없이 들이댄다는, 자원봉사자의 코멘트도 있었다. 하룻강아지 범 무서운 줄 모른다더니 딱 그거라며 웃던 기억이 났다. 당시엔 그저 들어 넘겼던 바둑이의 생애에 인간과 유의미한 교감을 나눈 경험은 없었다.

"백지상태라면, 그러니까 어느 정도인가요?"

내 목소리의 떨림을 숨길 수 없었을 것이다.

"0이죠. 제가 보기에는 0인데요. 그냥 아무것도 모르는 아이예요. 인간과 교감한 적도 없고, 하는 방법도 몰라요. 이 녀석에게 잘못이 있는 게 아닙니다. 그래본 적이 없어서 어떻게 해야 하는지 모릅니다. 그냥 모르는 거예요."

"그러면 야생의 상태라는 말씀일까요?"

"그렇다고 봐야죠. 만약 계속 길에서 살았다면 그렇게 되었겠죠."

무거운 고요가 몇 명의 인간과 한 마리의 어린 개를 감쌌다. 훈련사가 침묵을 깼다.

"보호자님, 그러니까 이 아이는 지금 얼마나 겁나고 무섭겠어요? 어미와도 떨어지고, 살던 곳에서도 떠나고, 자기가 유일하게 알던 세계하고 갑자기 딱 단절되어버린 거예요. 그것만으로도 어리둥절할 텐데 이렇게 전혀 낯선 곳에 혼자, 모르는 사람들 속에……."

그 말을 듣는 순간 무언가가 변했음을 알았다. 사물에는 중심축이 있다. 정가운데나 한복판에 위치한 축. 회전판은 그 축을 중심으로 돈다. 나의 중심축은 나. 인간의 중심축은 인간. 그러므로 인간인 나는 당연히 인간이 당황스럽고 무서운 것만을 생각했다. 나의 곤란에 대해서만 걱정했다. 어린 개가 느낄 당혹감과 공포심에 대해서는 생각하지 못했다. 기껏해야 이런 정도. 바둑아, 머나먼 길을 덜컹거리며 실려 왔으니 너도 꽤 피곤하겠다. 아직 어색하지? 그런데 우리는 너를 구조해주었고 이렇게 잘해주려고 힘들게 노력하는 가족이자 너의 주인이야. 우리는 '착한 사람들'인데 너는 왜 그렇게 계속 비협조적인 태도로 일관하니? 대체 너는 여기서 잘 적응해볼 생각이 있니 없니? 좀 잘해보자.

인간으로서 나는 이렇게나 건방지고 오만했다. 강아지의 중심축은 어떻게 생겼을까. 그날 밤 바둑이가 제 발로 울타리 바깥으로 걸어 나오게 하려고 치즈 간식 수십 개가 소요되었다. 바둑이가 바들바들 떨며 마침내 울타리 밖으로 한 발 내딛던 순간을 기억한다. 훈련사는 이제부터 시작이라고 했다. 바둑이가 먹을 것을 '매우 많이 몹시' 좋아하는 강아지라는 사실에 희망을 걸어보자고 했다. 동의하지 않을 수 없었다. 훈련사는 강아지와의 관계에서 현재 가장 필요한 것이 무엇인지를 물었다. 오늘 시간이 걸려도 그것 하나만은 확실하게 해결해주겠다고

했다.

"'앉아'요."

한 시간의 맹훈련 끝에 바둑이는 '앉아'를 하게 되었다. 하고, 하고, 또 하니까 되었다. 내심 '기다려'까지 할 수 있지 않을까 싶었지만 훈련사는 고개를 저었다. 글자 몇 개 읽을 줄 아는 아이에게 대뜸 국어책을 들이밀고 가르쳐달라는 학부모를 만난 심경이었는지도 모른다. 훈련 말미에 질의응답 시간이 있었다.

"사람이 걸어가는데 강아지가 뛰어오르거나 몸에 입을 대면 어떻게 해요?"

"Be a tree."

"네?"

"나무가 되십시오. 그 자리에서."

그냥 그 자리에서 움직이지 못하는 나무처럼 가만히 우뚝 서 있으라고 했다. 개는 누가 어떻게 키우는지에 따라서 완전히 다른 존재가 된다는 말을 남긴 채 첫 번째 훈련이 끝났다. 나는 현관 밖까지 그를 따라 나갔다. 조용히 꼭 물어봐야만 하는 것이 있었다.

"그런데요, 훈련사님, 제가, 정말, 키울 수 있을까요?"

훈련사는 이런 답을 했다.

"보호자님, 인류는 2만 년 전부터 개와 어울려 살아왔습니다."

그 말이 전부였다. 압도적인 대답이었다. 나는 인류를 대표하고 바둑이는 개를 대표한다. 우리의 조상이 대대로 그래왔듯 당연히 함께 살아갈 수 있을 것이다. 머릿속에 잔뜩 엉켰던 실타래가 정돈되는 기분이었다. 그 덤덤한 목소리가 얼마나 큰 의지가 되었는지 모른다.

★
발이 큰 아이

다음 날 내가 깨어나서 처음 한 일은 바둑이가 (울타리 안이 아니라) 화장실 앞에 펼쳐둔 배변 패드에 곱게 싸둔 배설물을 치우는 것이었다. 역시 배변 천재가 틀림없었다. 어제 훈련의 여파인지 바둑이는 평소와 달리 아주 얌전한 자세로 울타리 안에 엎드려 있었다. 체육 대회 다음 날 침대에서 못 일어나는 유치원생 같아서 내심 귀여운 생각이 들었다.

잠시 뒤 아주 급한 몸짓으로 바둑이가 화장실로 달려갔다. 두 번째 배변을 했다. 피가 섞인 설사였다. 녀석은 훈련에 지쳐서 얌전해진 게 아니었다. 몸이 아팠다. 정말로 나는 아는 거라곤 아무것도 없었다. 근처 동물병원 간판에 '24시'라는 단어가 들어간 곳을 향해 출발했다. 무의식 속에서 이것을 응급 상황이라고 판단한다는 증거였다. 병원까지는 차로 오 분은 넘고 십 분은 되지 않는 거리였다. 시내의 작은 도로인 만큼 과속할 일은 없었다. 그런데도 도착 지점을 몇백 미터 남기고서 바둑이는 갑자기 꿀렁꿀렁 소리를 내더니 속엣것을 게워냈다. 말로만 듣던 개 멀미였다.

바둑이의 토사물을 뒤집어쓴 채 우리는 겨우 동물병원 대기실에 들어섰다. 병원은 작고 소박한 곳으로 대기실 풍경이 어쩐지 동네 소아청소년과를 떠올리게 했다.

"아이 이름은요?"

간호사의 첫 질문도 진료 전에 먼저 체중을 측정하는 것도 소아청소년과와 똑같았다. 간호사가 바둑이를 받아 안아 체중계 위에 살며시 올렸다. 화면에 '5.385'라는 숫자가 찍혔다. 보호소에서 나올 때 분명히 '몸무게 3킬로그램(추정)'이라고 했는데. 아무리 눈을 비비고 다시 봐도 5.385가 맞았다. 간호사가 무심하게 툭 말했다.

"딱 봐도 이 정도 몸무게 되는 것 같은데요. 그리고 보세요. 얘 발이 크잖아요."

발이 크다! 어디서 많이 들었던 말이다. 유기견 보호소에서 강아지를 데려오기로 했지만 그 강아지가 바둑이라고는 확정되지 않았을 시기에 친척들과 식사 자리가 있었다. 당시 유력한 후보인 바둑이 사진을 보여주자 다들 이구동성 말했다.

"발이 큰 거 보니까 나중에 체격도 엄청 크게 자라겠는데."

A는 극구 부정했다. 물론 그가 부정하고 싶은 건 앞이 아니라 뒤쪽의 말이었을 것이다. 사진 촬영 각도상 그렇게 보일 뿐이며, 어미견이 6킬로그램 정도밖에 되지 않고 동배 형제들도 다 작은 편이라고 열심히 주장했다. 특기할 만한 점은 그가 계속 내 쪽을 바라보고 말했다는 것이다. 나는 개의 크기와 상관없이 '견' 자체를 받아들이지 못할 때였으니 이 모든 대화를 절반은 남의 일인 듯 듣고 있었다. 그때 불판에 불고기를 볶아주던 식당 여사장님이 슬며시 우리 대화에 끼어들었다.

"어디서 강아지 데려오시나 봐요?"

"네, 보호소에서요."

"어머, 좋은 일 하시네!"

사장님은 집에서 유기견을 여러 마리 키우고 있다고 했다.

"어디 사진 좀 봐봐요. 아니, 발 하나도 안 큰데요, 뭘. 내가 개라면 많이 봐서 알아요."

그녀는 갑자기 카운터의 남편을 호출했다.

"참, 이런 건 우리 아저씨가 전문이야. 개에 대해서는 저 사람이 박사거든요. 아주 확실해요."

아까부터 우리 쪽으로 귀를 세우고 있었을 것 같은 남자 사장님이 헛기침과 함께 다가왔다. 바둑이의 사진을 한참 들여다보는 그 눈빛에선 뭐라고 설명할 길은 없지만 과연 프로페셔널의 기운이 느껴졌다.

"안 커요!"

그는 단언했다. 바둑이는 발이 작은 편이라고 확신에 찬 어조로 설명했다.

"제 어미보다 조금 더 클까 말까 그 정도일 거예요."

사장님 부부의 하얀 거짓말을 나만 빼고 그 자리의 모두가 눈치챘다고 한다. 지나고 보니 바둑이에겐 순간순간 은인이 많았다.

진료실의 수의사는 동그란 안경이 잘 어울리는 선량한 인상의 남성이었다. 익숙하게 바둑이를 받아 안았다. 처음 보는 이의 품에 안긴 바둑이는 꽤 편안해 보였다. 강아지가 혈변을 봤다는 말에 그는 대번에 심각한 표정이 되어 사진은 찍어두었느냐고 물었다. 다음에는 꼭 사진을 찍어 오라고 당부했다.

"3개월이라고 하셨죠? 큰 편이네요. 어디 한번 보겠습니다."

그는 바둑이의 입을 벌렸다. 그리고 이빨을 찬찬히 살펴보면서 고개를 갸웃거렸다.

"이 아이, 정말 3개월이 확실한가요?"

더 놀랄 것도 없었다. 이빨 상태로 보아 3개월은 지난 것이 확실하며 그 이상, 아마도 4개월에 가까운 월령으로 추정된다고 그는 소견을 말했다. 3개월에 3킬로그램인 강아지와 4개월에 5.385킬로그램인 강아지는 어떻게 다른가. 무엇이 다른가. 바둑이는 여전히 여기 내 눈앞에서 무구하고 까만 눈망울을 껌뻑이고 있을 뿐인데.

수의사는 바둑이가 말 그대로 '시고르자브종', 즉 믹스견이며, 강아지 때 발과 코가 크면 나중에 몸집이 커진다는 속설이 있지만 언제나 변수는 있기에 지금은 확실하게 말할 수 없고, 다만 자신의 임상 경험으로는 13킬로그램 넘는 무게로 성장하리라 예상된다고 조곤조곤 설명했다. 그리고 전체적으로 아주 건강해 보이는 강아지이기는 하지만 지금 증세로는 파보바이러스 장염일 가능성을 배제할 수 없다고 말했다.

산 넘어 산이었다.

★
강아지똥

바둑이의 첫 수의사는 다정하고 신중한 분이었다. 그는 보호소를 나오기 직전 했던 키트 검사에서 음성이 나왔다는 얘기를 듣더니 일단 다행이라고 말해주었다. 재검사 전에 먼저 장염 약을 먹이면서 어린 개의 배변 상태를 하루 더 지켜보기로 했다. 파보바이러스 외에도 설사를 유발했으리라 의심할 만한 이유가 하나 더 있었다. 전날 저녁 훈련사의 맹훈련. 그리고 그의 주머니에서 끝도 없이 나왔던 치즈 간식. 파보 장염이 아니라 과식으로 인한 장염이기를 기원하자면서 만일 약을 먹여도 24시간 내에 차도가 없으면 즉시 달려오라고 했다.

안내 데스크에서 약봉지와 주사기를 받아 들었다. 강아지에게 약을 먹일 때 주사기를 사용한다는 것도 처음 알았다. 그 동물병원은 유기견 보호소를 통해 입양한 견주에게 치료비의 일부를 할인해주는 곳이었다. 전혀 모르고 갔기에 꽤 놀라웠다. 감사하고 좋은 일이 분명한데 멍해서 아무 말도 나오지 않았다. 나는 용기를 내어 축 처진 바둑이에게 손을 뻗었다. 머리를 손끝으로 한번 쓰다듬어보았다. 그것이 녀석에 대한 나의 첫 번째 직접적 접촉이었다. 바둑이의 꼬리가 천천히 흔들렸다. 낯선 장소에서 이 아이가 우리를 의지하고 있다는 것이 분명히 느껴졌다.

그로부터 하루 동안 나는 오로지 바둑이의 똥만을 생각했다. 동화가 아닌 현실의 강아지 똥에 의해 삶이 지배당하는 날이 오다니. 인생은 정말이지 한 치 앞도 예측할 수 없다. 병원에서 돌아와 24시간이 지날 때까지 바둑이는 대여섯 번에 걸쳐 대변을 보았다. 나는 모든 변의 모양을 사진으로 남겼다. 처음에는 여전히 묽고 피가 섞인 상태였으나 시간이 지나면서 점점 정상적인 상태로 변해갔다. 집에 확대경이 없으니 망정이지 만약 있었다면 그걸 손에 들고 더욱 꼼꼼하게 관찰했을 것이다.

어떻게 입을 억지로 벌리고 주사기를 밀어 넣나 무척 걱정스러웠으나 기우에 지나지 않았다. 내가 아는 생명체 중 식욕이 가장 왕성한 바둑이에게 주사기 따위는 필요치 않았다. 녀석은 사료 위에 약이 흩뿌려 있거나 말거나, 배가 아프거나 말거나 전혀 개의치 않고 끼니마다 밥 한 그릇을 맛있게 뚝딱 해치웠다. 뭐랄까, 먹는 부분에 관한 한 무척 일관성 있고 근성 있는 강아지였다. 그리고 치즈를 먹으면 설사하는 강아지이기도 했다. 곧 검사 결과가 나왔다. 바둑이의 설사는 파보가 아니라 일반적인 장염 탓으로 판명되었다. 앞으로 치즈가 들어간 간식은 되도록 먹이지 말라는 조언을 들었다.

바둑이는 빠르게 활력을 되찾았다. 낮에는 집 안을 뽈뽈 돌아다녔지만 밤이면 누가 시키지 않아도 켄넬에 들어가 잠을 잤다. 아니, 그 안에서 무엇을 하는지는 알 수 없었다. 원래 나는 모두 잠든 밤에 서재에서 일을 하는 사람으로 규정되어 있었다. 원칙적으로 그렇다는 말이다.

밤에 서재 문을 닫고 들어가 앉아 있긴 했지만 물론 누구나 쉽게 짐작하듯이 일 '만' 한 것은 아니었다. 음, 우리 일이 그렇게 처음부터 끝까지 딱 정해져 있는 게 아니지 않은가? 인터넷 세상을 하염없이 돌아다니면서도 사실 지금 자료 조사 중이라고 우겨볼 수 있다는 게 이 직업의 몇 안 되는 장점이었다. 거의 완전히 혼자인 그런 시간 덕분에 나는 혼자가 아닌 그 밖의 모든 시간을 견딜 수 있었다. 그리고 그것이 내 마음 깊은 곳에서 바둑이를 진심으로 환영하지 못하도록 가로막는 비밀 이유였다.

그동안 자연스레 '나의 것'이라고 믿었던 이 집에 더 이상 마음 놓고 숨을 데가 없었다. 최근 데이비드 빈센트의 저서 《사생활의 역사》의 카피 문구를 보았다. 그 시절의 내가 떠올라 눈이 시큰해졌다. "방해받지 않는 삶은 언제나 간절했다." 그때 나는 누구의 방해도 받지 않았던 혼자만의 밤을 그리워하면서 자주 균형이라는 단어를 생각하곤 했다. 생래적 비관주의자답게 어린 개 한 마리에 의해 깨진 균형을 다시는 복구할 수 없으리라는 예감에서 벗어나기 힘들었다.

어느 밤 서재에 들어가기 전 거실의 불을 껐다가 너무 깜깜하면 얘가 혹시 화장실을 찾아가지 못할까 싶어 화장실 전등을 밝혔다. 서재 방문을 닫고 평소처럼 노트북 앞에 앉았다. 하지만 집중이 되지 않았다. 채 오 분이 지나지 않아 다시 방문을 빼꼼 열었다. 화장실에서 흘러나오는 불빛이 거실에 희미하게 퍼져 있었다. 멀리 바둑이의 실루엣이 보였다. 바둑이가 켄넬 밖으로 나와 물을 마셨다. 내 기척을 느꼈는지 그가 움직임을 멈추었다. 나도 움직이지 못하고 우뚝 섰다. 바둑이와 나는 몇 미터의 거리를 두고 선 채 각자 어찌할 바를 몰라 하고 있었다. 바둑이가 먼저 천천히 몸의 방향을 돌렸다. 내 쪽이 아니라 켄넬 쪽을 향해 가더니 안으로 쓱 들어가버렸다.

가슴을 쓸어내렸다. 혹시 녀석이 나한테 마구 달려오기라도 했으면 어쩔 뻔했나. 만약 나도 모르게 휙 피하기라도 했다면 녀석은 마음에 상처를 입었을 터다. 그런 복잡한 상황이 만들어지지 않아 정말 다행이었다. 그런데 내 마음 한구석에 묘한 쓸쓸함이 묻어났다. '함께'가 어색한 건 나만이 아닐지도 몰랐다. 바둑이와 내가 과연 언

제까지 이런 피곤한 거리감을 유지한 채 살아가야 하는지 새삼 걱정이 되었다. 한집에서 마주쳐도 덜 어색한 날이 오기는 올까?

아침엔 아주 일찍 저절로 눈을 떴다. 바둑이가 온 날부터 나는 매일 밤 길어야 네 시간밖에 자지 못하고 있었다. 그 시간마저 제대로 푹 잤다는 생각은 들지 않았다. 눈을 비비면서 밤새 바둑이에게 별일이 없었는지를 먼저 확인했다. 혼자 두자니 안쓰럽고 같이 있자니 어찌해야 좋을지 몰랐다. 녀석이 온 뒤 공유 오피스에 한 번도 출근하지 못했다.

바둑이에게 이른 아침밥을 주고 밤새 싸놓은 배변 패드를 갈았다. 강아지 똥은 작고 뭉툭했다. 보통 때는 배변 패드 위에, 아주 가끔 조준에 실패했을 때는 타일 바닥 위에 덩그러니 놓여 있었다. 바둑이의 똥을 휴지로 감싸 주워 올리다가 권정생 선생의 동화 《강아지똥》이 떠올랐다. 너의 몸뚱이를 고스란히 녹여 내 몸속으로 들어와야 한다고 민들레는 강아지똥에게 말하지 않았던가. 그래서 예쁜 꽃을 피우는 것이 바로 네가 하는 일이라고.

이럴 줄 알았으면 강아지똥의 세계, 민들레의 세계, 별의 세계 같은 것에 조금이라도 관심을 가져 볼 걸 그랬다. 왜 전 생애에 걸쳐 동화의 언어를 피해 다니기만 했을까. 내가 더 착하고 희생적인 인간이었다면 훨씬 좋았을 것이다. 아니 지금보다 크고 너른 품을 가진 덜 예민한 인간이었다면 모두가 한결 덜 힘들었을 것이다. 누구보다 내가.

나는 바둑이의 똥을 변기에 넣고 물을 내렸다. 더럽다는 생각은 들지 않았다. 이제 식구들을 깨울 시간이었다. 잠시 후면 우리 둘만 또다시 여기 남겨질 것이다. 우리에게 어떤 일이 있을까. 오늘 그리고 내일 또 내일에는.

★
너의 이름은

이 책에서 지금까지 바둑이로 칭해왔지만 사실 그에게는 엄연한 본명이 있다.

본명만이 아니다. 보호소에서 불리던 또 다른 이름도 있었다. 알고 보면 복잡한 녀석이었다. 보호소 시절 그의 이름은 '프림'이었다. 프림이 무슨 뜻인지 한국인이라면 모를 수가 없다. 커피 프리마에서 따온 게 확실한 이름. 몸통의 검은 털이 커피, 흰 털이 크림! 누구의 작명인지 몰라도 직관적이면서도 참 귀여운 이름이었다.

어린 개가 오기 직전 그의 개명 안건을 놓고 치열한 회의(라고 쓰고 격한 의견 대립이라고 읽는다)에 돌입했다.

나로 말하자면 '바둑이'라고 해도 좋지 않겠느냐는 입장이었다. 교과서 속 철수네 강아지처럼 말이다. 인터넷에서 찾아본 옛 삽화 속 바둑이와 녀석의 싱크로율이 족히 97퍼센트는 되어 보였다. '흰+검 바둑돌'과 바둑이의 관계를 뒤늦게 알게 된 자의 신기함이 크게 작용했는지도 모른다.

그 무렵 나는 누군가를 만날 때마다 철수네 바둑이가 왜 하필 바둑이인지 아느냐 묻고는 했다. 하나같이 놀랍다는 표정을 지었다. "세상에 그걸 몰랐단 말이에요, 정말로?" 나는 말문이 막혔다. 제대로 모르면서 대충 지나쳐버리거나 무성의하게 넘겨짚어온 일들, 그런 일들이 그동안 내 삶에 얼마나 많았을까.

사실 이름 짓기에 관해서라면 나는 꽤 할 말이 많은 편에 속한다. 작명가도 아니면서 남의 이름을 짓는 사람이기 때문이다. 업무의 일환으로 수많은 이름을 지어대야 하는 직업이 흔하지는 않을 테니까. 소설에서 인물의 이름을 어떻게 짓는지 궁금해하는 독자들이 종종 있다. 소설가의 작명법은 크게 두 가지인데 먼저 인물의 캐릭터를 구축하고 그에 어울리는 이름을 고민하는 경우다. 금방 맞춤한 이름이 떠오를 때도 있지만 대부분은 고민-고심-노심초사-결정-의심의 과정을 거친다. 두 번째는 인물의 세부보다 이름이 먼저 오는 경우다. 20대 초반, 여성, 대학 휴학생, 보통 키와 보통 체격, 3남매 중 둘째, 다소 소심하지만 고집 있는 성격. 인물에 관해 이 정도 밑그림만 그려둔 상태인데 마치 계시처럼 이름 하나가 퍼뜩 떠오를 때가 있다. 그 이름을 입속으로 몇 번 중얼대다 보면 신기하게도 아, 이 사람이 이런 사람이구나 하고 자연스럽게 알게 된다. 이름이라는 통로를 통해 막연했던 캐릭터에 대한 이해도가 확장되는 것이다.

하여 나는 적어도 우리 중 유일한 작명 전문가라는 자부심으로 충만했다. 그러나 한때 '야옹이'라는 이름의 개를 키운 적이 있다는 A는 그렇게 호락호락하지 않았다. 그는 일반적인 통념으로는 개의 이름이라고 생각하기 어려운 특이한 이름들을 후보로 나열했다. 언더그라운드 록밴드의 이름, 위대한 소설가의 이름, 1980년대 유명 만화의 캐릭터 이름 등등이었다. 그에 비해 B와 C는 일치단

결하여 팬시하면서도 귀여운 이름을 붙여야 한다고 주장했다. A가 수긍할 리 없었다. 그들 사이의 의견을 조율하고 충돌을 막느라 내 의견을 강하게 피력할 틈이 없었다.

그러다 동물 보호소 자원봉사자의 SNS에서 사진 한 장을 보게 됐다.

빨간 체크무늬 옷을 입고 머리띠를 두른 녀석의 표정은 그저 어리둥절했다. 그 모습이 웃기고 귀여우면서도 짠했다. 보호소의 어린 강아지를 이렇게 꾸며 사진을 찍는 봉사자의 진심이 느껴졌다. 이 작은 생명이 세상에서 환대받았으면 하는 그 간절한 선의가. 12월이었다. 머지않아 성탄절이었다. 또다시 성탄. 루돌프라는 이름을 떠올린 건 회의 내내 '찌그러져' 있던 나였다. 모두가 기다리는 산타클로스의 성실한 친구이자 동료인 루돌프. '돌프'라는 막강 후보를 제치고 '루돌이'로 최종 결정된 데는 녀석의 생김새 어딘가에 돌돌이 혹은 돌쇠를 연상시키는 구석이 있어서다.

나는 소설 속 인물에게 하듯이, 루돌, 루돌, 루돌 하고 입속으로 이름을 여러 번 동글려보았다. 휘파람을 불 때처럼 입술이 오므려졌다. 어쩐지 맑은 환대의 기운이 주변에 깃드는 것도 같았다. 이름을 한 번 부를 때마다 아, 이 아이가 이런 아이구나 알게 되면 좋겠다는 간절한 바람을 담아 나는 자꾸 그 이름을 불렀다.

2

개와 나 사이

그의 마음을 가만히

 대수롭지 않아 보이는 아침이었다. 한 손엔 칫솔을, 한 손엔 양말을 들고 집 안 곳곳을 이리저리 뛰어다니는 B와 C를 따라 강아지도 같이 뛰었다.

 이윽고 나와 바둑이만 덩그러니 남겨졌다. 새삼스러운 일은 아니었다. 나는 현관 앞에 어지러이 널린 신발을 정리한 후 거실과 연결된 중문을 열었다. 바깥 기온은 영하였지만 유리창으로 들어오는 햇살이 차갑지만은 않았다. 거실 저 끝에 있던 바둑이가 나를 발견하고 총총 달려왔다. 내 앞에서 멈췄다. 그리고 세상에 이런 일이! 갑자기 자세를 낮추더니 제 몸을 발라당 뒤집었다.

내가 아무리 반려견의 정서와 행동에 일자무식자라고 해도 그것이 무슨 의미인지는 분명히 알고 있었다. 나는 주춤주춤 손을 뻗었다. 어린 개의 통통한 연분홍색 배에 손바닥을 가져다 댔다. 따뜻했다. 한 번도 느껴보지 못한 감각이었다. 강아지는 일어나려는 기척은 보이지 않고 네 다리를 살짝씩 버둥대기만 했다. 멈추지 말고 계속하라는 것 같았다. 배를 조심스럽게 쓰다듬어보았다. 어쩌려고 루돌이는 엄청나게 편안해 보였다. 나는 아까보다 조금 더 천천히 쓰다듬었다. 내가 가장 두려워했던 순간이 이렇게 수면 위로 드러났다는 것을, 아무렇지도 않게 지나갔다는 것을 깨달았다.

나는 서재 책상이 아닌 거실 탁자에 노트북을 폈다. 양반다리로 앉아 내가 작업을 하는 동안 어린 개는 30센티미터가량 떨어진 바닥에 턱을 댄 자세로 엎드려 곤한 아침잠에 빠졌다. 일하는 틈틈이 나는 곁눈질로 루돌이의 잠든 얼굴을 보았다. 무슨 꿈을 꾸고 있을까. 잠에서 깨면 여기가 어딘지 혼란스러워 멍해질지도 모른다. 그러다 나를 보면 여기가 어딘지 깨닫겠지. 집이라는 것을.

내가 아는 한 루돌이는 아직 아무에게도 배를 보여준 적이 없었다. 그런데 왜 하필 나일까? 내가 유난히 강아지 세계에서 통하는 외모의 소유자여서 그럴 리 없다. 열렬하고 요란하게 사랑을 표현하는 것이 아닌, 어떻게 말하고 어떻게 표현해야 하는지 몰라서 머뭇거리는 나. 바짝 다가앉고 포개 앉고 싶어 안달하는 것이 아닌, 늘 일정한 거리를 두고 저만치 떨어져 있는 나. 언제나 제 언저리 어딘가에 있는 나. 물그릇이 비기 전에 물을 채워주고, 배변 패드를 더럽히자마자 새로 갈아주는 나. 가장 오랜 시간 같은 공간에 있는 나를 루돌이는.

어린 개는 어느새 잠에서 깨어나 있었다. 그 자리에 그대로 선 채 말끄러미 나를 바라보았다. "어, 벌써 일어났어?" 내가 저를 향해 웃었기 때문일까, 루돌이의 고개가 옆으로 갸우뚱 기울었다. 절묘한 각도였다. 너도 나에게 무언가 궁금하구나. 내가 너를 알고 싶은 만큼 너도 그렇구나. 너도 나를 알고 싶구나. 그렇구나. 나는 그의 마음을 가만히 받아들였다. 우리에겐 주고받을 게 아주 많이 남아 있음을 알았다.

오해가 있는 풍경

 루돌이가 온 후 나에게 평화란 고요함, 즉 아무 일 없음의 상태를 의미하게 됐다.

 현실에서는 심심할 틈이 전혀 없었다. 믿기 힘들겠지만 매일 새로운 이벤트가 생겼다. 배탈에서 빠른 속도로 회복한 루돌이는 왕성한 식욕과 비례하는 왕성한 호기심을 보이기 시작했다. 집 안 구석구석을 탐색하며 킁킁 냄새를 맡고 다니다가 신기하게 생겼다 싶은 건 일단 입에 넣어보았다. 미지의 물건을 자발적으로 입속에 넣은 이상 그걸 잘근잘근 물어뜯지 않을 이유가 없었다. 그가 물어뜯는 것들의 종류는 다양하기도 했다. 인간 기준으로는 치운다고 열심히 치워도 루돌이는 기가 막히게 무언가를 포착했다.

이름에 어울리게 그는 특히 크리스마스트리에 지대한 관심을 보였다. 트리 주변을 끈기 있게 탐색했다. 반짝이며 흔들리는 모든 오너먼트가 관심 대상이었다. 전구 모양의 원형 볼이 가장 큰 사랑을 받았다. 어린 개는 틈이 나면 점프를 시도하여 그것들을 탈취하려 했다. 그럴 때 녀석은 마치 한 마리의 작고 기운찬 토끼처럼 보였다. 또 큰 트리 앞에 앙증맞게 선, 루돌프 사슴 모양으로 만들어진 작은 트리에 대한 집착도 대단했다. 루돌프가 루돌프를 알아본다고 처음엔 웃었지만 곧이어 웃어넘길 상황만은 아님을 알게 됐다.

"쟤 혹시 진짜 사슴인 줄 아는 거 아니야?"

"사슴을 어떻게 알아. 친구 강아지인 줄 아는 것 같은데."

사냥감을 대하는지 친구를 대하는지 장난감을 대하는지 구분이 안 되었다. 심지어 녀석은 외나무다리에서 원수라도 만난 듯이 진심을 다해 그 딱딱하고 차가운 사슴과 홀로 대적하기도 했다. 가만 있는 루돌프에게 다가가 팬히 빙빙 돌다가 혼자 공중으로 뛰어올라도 보았다가 이내 쓰러뜨리고는 마음껏 냄새를 맡고 이빨로 물어대는 루돌이는 꽤 의기양양해 보였다. 쟤는 뭘 저렇게 자꾸 뛰어오르지. 곧 닥쳐올 일을 알지 못한 채 보아 넘겼다.

  루돌이의 점프 실력은 하루가 다르게 발전했고, 그 점프가 인간의 몸을 향하는 데에는 그리 오랜 시간이 걸리지 않았다. 루돌이는 사람에게 무한 점프를 해대기 시작했다. 인간이 시야에 등장하면 갑자기 질주했다. 빠르게 달려가서 따라잡고는 앞으로 휘릭 뛰어올랐다. 반가워 그런다고 하기엔 너무 격렬해서 오해를 불러일으키기 십상이었다. 녀석의 긴 머즐과 단단한 이빨이 그 오해에 단단히 한몫했다. 개가 뛰어오르면서 동시에 주둥이를 활짝 벌리면 사람의 몸에 이빨이 부딪히게 된다. 점프에 성공하면 허벅지에 닿고, 그렇지 않을 때는 종아리에 닿았다. 세상에는 "개가 사람을 문다"라거나 "입질한다"라거나 하는 쉬운 표현이 있지만 나는 차마 그렇게 부르고 싶지 않았다. 강아지가 작정하고 '무는' 행위와는 전혀 달랐다.

아마도 반갑다고 달려와 점프하고 입을 벌려 이빨을 부딪치는 그 순식간에 일어나는 일련의 과정에서 루돌이에게 고의는 없어 보였다. 그저 장난을 치고 싶은 거라고 애써 믿었다. 그렇게 믿고 싶었다.

나무가 되라고 했던 훈련사의 충고를 기억해냈다. 움직이지 않으면 금방 흥미를 잃고 가버리는 게 강아지들의 속성이라고 했던가. 루돌이가 미친 듯이 달려올 때마다 꼿꼿하게 멈춰서 보았다. 달라지지 않았다. 루돌이가 크리스마스트리를 좋아하는 강아지라는 점을 간과했다. 아무런 제지도 하지 않는 인간 나무가 더욱 좋은지 녀석은 더 열심히 팔짝팔짝 뛰어올라 사람 몸 여기저기에 이빨을 댔다.

예방 접종을 하러 갔을 때 수의사에게 사정을 토로했다. 그는 바둑이의 입을 벌렸다. 입안을 살펴보더니 신속한 결론을 내렸다.

"지금 엄청나게 가렵겠는데요."

퍼피의 이갈이 시기였다. 강아지의 유치는 생후 12주 정도면 다 나온다고 했다. 일반적으로 28개 정도였다. 바둑이는 이미 유치가 다 난 상태였고, 이제 본격적으로 유치가 빠지고 새 이빨이 돋는 일반적인 발달 과정이 이어질 거라는 설명이었다. 무한 점프의 비밀이 드디어 풀리는 순간이었다. 루돌이에게 미안했다. 이제라도 알아서 다행이었다. 오해를 거둘 수 있어서, 이해할 수 있게 되어서.

"그러면 이 시기도 지나가겠네요?"

"그럼요. 지나가죠."

나는 천천히 고개를 끄덕였다.

"보호자님."

수의사가 말을 이었다.

"지난번에 봤을 때보다 루돌이가 훨씬 편안해 보이네요. 안정감이 생겼어요."

무슨 말을 해야 할지 몰랐다.

"노력을 많이 하셨나 봐요."

눈물이 핑 돌았다.

"그런데요, 루돌이도 굉장히 노력하고 있을 겁니다."

나는 말없이 고개를 숙였다.

★
너 하나 나 하나

 사는 데 필요한 대부분의 것들은 일단 책을 통해 배웠다. 어린 개 입양을 결정한 직후부터 틈만 나면 사 모은 관련서가 넓은 책꽂이 한 칸을 꽉 채우게 된 이유다. 《반려견 행동심리학》을 가장 자주 펼쳤다. "개의 행복을 위한 가장 과학적인 양육 가이드"라는 부제가 편애의 이유다. 언뜻 보면 이 문장은 모순으로 느껴진다. '행복'은 두말할 나위 없이 주관적인 개념이므로 '가장 과학적인'이라는 수식과 부딪칠 수밖에 없다.

 저자인 재지 토드는 원래 평범한 심리학자였다고 한다. 여기서 '평범함'이란 개 키우기와 상관없는 일상을 영위하던 사람이라는 뜻이다. 나도 살며시 따라 해본다. 정이현은 원래 평범한 소설가였다. 그러던 어느 날 유기견 보호소에서 개 한 마리를 데려오며 상상한 적 없는 삶을 살게 되는데…….

저자처럼 나도 오랫동안 "분석만이 힘"이라고 되뇌며 살아왔다. 모를 땐 두려워도 알게 되면 그렇지 않을 수 있다고 믿었다. 인생에서 자신 있는 건 거의 없으나 앎에 대한 민첩성은 그나마 나았다. 나는 바둑이가 종일 잠만 자는 것 같다 싶으면 이 책의 12장을 펼쳐 〈반려견 수면의 비밀〉 편을 찾아보았고, 바둑이가 엄청난 속도로 사료를 먹고 나서도 미진한 낌새를 보이면 11장을 펼쳐 〈식습관의 과학〉을 탐독했다. "개의 행복을 위한 가장 과학적인 양육 가이드"라는 긴 문장에서 나에게 제일 필요한 단어, 내가 가장 갈망하는 단어는 '가이드'임을 깨달았다.

> 만일 누군가가 과거의 나를 찾아가 당신은 언젠가 반려견의 행복을 위한 과학적인 글을 쓰게 될 거라고 말한다면 나는 매우 놀라면서 어리둥절한 표정을 지을

지도 모른다.*

 만일 누군가가 과거의 나에게 당신은 언젠가 한 손으로 반려견을 쓰다듬으며 또 다른 한 손으로 개 키우기에 관한 글을 쓰는 새벽을 맞이하게 될 거라고 말했다면 어떤 표정을 지었을까? 별 기이한 소리를 다 들었다는 듯 이러지 않았을까.

 "설마 지금 진짜 살아 있는 개 말씀이신가요? 인형이 아니라?"

 속으로는 인형일 리조차 없다고 생각했을 것이다. 나는 동물이라면 인형도 원해본 적 없으므로. 무엇보다 이 책이 내게 준 가장 큰 깨우침은 모든 개가 개별적 존재임을 알게 한 게 아닌가 싶다. 하나의 인간은 이 세상 어떤 인간들과도 다른 개별 개체인 것처럼 루돌이 역시 이 세상의 어떤 개들과도 다른 개별 개체였다. 우리는 틀림없이 '인류의 일원:개의 일원'이지만 '개별 개체 1 : 개별 개

---

* 재지 토드, 이윤정 옮김, 《반려견 행동심리학》(동글디자인, 2022)

체 1'로 치환되는 순간 무언가 조금씩 달라졌다. 우주 아래 동등하게, 너 하나 나 하나.

그렇게 우리는 균등하게 일대일.

몸과 마음 사이

 한 생명을 책임진다는 건 대신 결정을 내린다는 뜻인가 보다. 곧 루돌이에 관한 여러 결정적 결정 앞에 직면했다. 첫 번째는 예방 접종과 산책의 문제였다. 루돌이는 보호소에서 종합 백신을 1회 접종하고 왔다. 강아지 종합 백신(DHPPL)은 홍역, 전염성 간염, 파보바이러스 장염, 파라인플루엔자, 렙토스피라 등 전염성 질환을 예방하는 것이며, 일반적으로 강아지가 모체에게서 받은 자연 면역이 떨어지는 생후 6~8주 사이에 접종을 시작한다. 그 후 2주 간격으로 다섯 번 접종하는 것이 보통이라고도 한다.

여기까지는 *끄덕끄덕*. 접종이 다 끝나지 않은 강아지들에게 산책 같은 외부 활동이 위험할 수 있다는 부분에서도 *끄덕끄덕*. 바둑이의 접종 일정은 아직 갈 길이 멀다는 데에도 또 한 번 동의했다. 가만, 그런데 어린 생명체에게는 몸만 아니라 마음도 있지 않은가? 강아지의 원만한 사회화를 위해서는 8~16주 사이가 무척 중요하다고 하지 않는가? 이 시기를 놓치면 강아지가 인간뿐 아니라 다른 개들과 더불어 살아가는 법을 제대로 익히지 못할 수 있다는 말이 모든 육아서, 아니 반려견을 위한 지침서마다 빠지지 않았다. 그렇다면 그 두 가지 중요한 가치가 상충하는 셈이다. 어린 개의 신체적 건강에 초점을 맞출 것인가, 정신적 건강에 초점을 맞출 것인가! 난감한 노릇이었다.

임신과 육아 과정에서 많은 여성이 '시기를 놓치면'이라는 조건 명제에 붙들려 예민하고 불안해진다. "지금 이 시기를 놓치면 큰일 납니다!" 이 마법의 언어는 엄청나게 강력한 이빨을 가져서 '수많은 엄마'의 목덜미를 콱 물고 놔주지 않는다. 아이가 자라는 과정에서 그 중요한 시기들은 새로운 이름과 새로운 형태로 계속 출몰한다. 하나의 허들을 넘으면 또 다음 허들이 기다리고 있다.

반려견 버전의 '적정 시기' 이론에 따르면 바둑이는 예방 접종 시기도 평균에 비해 늦었을뿐더러 사회화 시기도 얼마 남지 않았다. 무엇에 우선순위를 두느냐의 문제였다. 결국 보호자가 결론을 내려야 했다. 몸과 마음의 균형에 관한 저 오랜 딜레마가 강아지를 키우면서도 비껴가지 않다니. 서둘러 도리질을 치면서도 나는 치솟는 조바심을 어쩌지 못했다.

밖에 나가지 못하는 강아지가 어떻게 사회화 교육을 받을지 고민하는 견주들은 나 말고도 아주 많았다. '강아지 접종 산책'이 포털 검색창에 자동 완성형으로 뜨는 것만 봐도 그렇다. 먼저 접종 완료가 그렇게까지 중요하지 않다는 입장이 있었다. 루돌이 또한 길에서 태어나 아기 시절 별의별 것에 다 노출되었을 텐데 이미 웬만한 면역은 생겼으리라 추측할 수 있었다. 반면에 그건 무책임한 자세이며 희미하고 미약한 위험 요소라 할지라도 철저히 대비해야 한다는 주장도 있었다.

전문가들에게 자문을 구했지만 대답은 대동소이했다. 수의사는 모든 접종이 끝난 뒤에 산책을 나가는 게 원칙임을 명확히 알려주었다.

"원칙은 그렇습니다만 우리 루돌이한테는 사회성 발달이 아주 중요하니까 그 부분은 신중히 결정하시면 될 것 같습니다."

나의 곤혹스러운 표정에 그는 우선 3차 접종까지 끝내고 다시 한번 생각해보자고 했다. 같은 질문을 받은 훈련사는 이는 개인적 견해이며 강아지마다 사정이 다르긴 하다는 전제를 깔고서 말했다.

"5차까지 맞고 나가면야 좋겠지만 이 녀석의 경우는 예외라고 생각합니다. 그러면 6개월령이 될 텐데 저 성격에 그때까지 집에만 있는 건 좀 그렇죠. 지금이 사회성 키우는 데 황금기이기는 합니다."

"그럼 그냥 지금 나가도 된다는 말씀인가요?"

"글쎄요, 판단은 보호자님이 하시는 거죠."

판단을 하면 책임도 져야 했다. 그렇게 책임감과 시간을 동시에 뭉개며 3차 접종을 마치고 4차를 기다릴 때 작은 사건이 일어났다. 온 세상에 함박눈이 내렸다.

우리 집은 두 동짜리 빌라였다. 1동과 2동은 각각 출입구가 있고 두 건물 가운데에 작은 정원이라고 해야 할지 마당이라고 해야 할지 모르는 공유 공간이 존재했다. 이 집으로 이사를 결정했을 때 이 정원 또는 마당의 존재가 꽤 큰 영향을 미쳤다.

그러나 온전히 '내 것'이라고 하기는 좀 그렇지만 '내 것'이 전혀 아니지도 않은 상태로 여럿이 공동 소유하는 물건의 운명은 대개 비슷하다. 소유에 따르는 책임에도 다들 한 발짝 떨어져 있기 때문이다. 마당의 존재는 내게 '반드시 있을 필요는 없는데 있는 곳, 그래서 종종 귀찮은 일을 몰고 오는 곳' 정도로 정리되었다.

눈이 내리던 그 저녁, 마당의 새로운 기능이 떠올랐다. 조금은 안전하게 루돌이가 땅을 밟을 만한 곳! 루돌이에게 눈을 보여주고 싶은 마음이 걱정과 불안을 이겼다. 잠시만, 아주 잠시만이라는 전제 아래 루돌이를 데리고 마당으로 나갔다. 흰 눈이 쌓이기 시작하는 땅 위에 조심스럽게 루돌이를 내려놓았다.

루돌이는 아마도 초가을에 태어났다. 생전 처음 보는 눈이다. 흰 눈을 보는 녀석의 표정은 어리둥절 그 자체였다. 조심스러워서 신중하게 움직이는 것이 아닌, 이게 무슨 상황인지 몰라서 제대로 움직이지 못하는 것 같았다. 그런데 어느 순간 녀석의 몸짓이 달라졌다. 코를 킁킁거리더니 이내 바닥에 얼굴을 박고 정신없이 냄새를 맡았다. 바둑이의 관심을 끈 것은 흩날리는 눈이 아니었다. 흙바닥 그 자체였다.

그에게 눈은 처음이지만 땅은 처음일 리 없었다. 루돌이는 길에서 태어나 길에서 자랐다. 산으로 둘러싸인 동네였을 것이다. 엄마와 형제들과 흙과 풀과 꽃과 나무 속에서 살고 먹고 뒹굴었다.

그에게 깊이 각인되어 있을 원초적인 흙의 냄새는 이 머나먼 곳의 흙냄새와 얼마나 비슷하고 얼마나 다를까. 루돌아, 너는 무엇에 이끌려 이토록 사무치게 바닥에다 몸을 문대는 거니.

생명체의 몸과 마음은 무슨 관계인가. 멀리멀리 떨어진 관계는 아닐 것이다. 루돌이에게도. 그 겨울, 창밖을

물끄러미 바라보는 녀석의 뒷모습을 나는 자주 훔쳐보았다. 어김없이 마음이 알싸해졌다.

★
비자발적 산책자의 탄생

 어떤 소설가가 되고 싶으냐는 질문을 간혹 받는다. 소싯적부터 나는 뭔가가 '되고 싶다'보다 '되고 싶지 않다'에 가까웠지만 이럴 때를 대비해 준비해놓은 대답은 하나 있었다. 꼭 어떤 소설가가 되어야 한다면 나는 산책하는 소설가가 되고 싶었다. 산책자로서의 소설가다.

 이때의 산책자는 보들레르에서 베냐민으로 이어지는 '플라뇌르(Flâneur)'의 의미에 가까울 터다. 도시 곳곳을 관조자의 자세로 자유롭게 천천히 걷는 사람, 관찰하는 사람, 탐색하는 사람, 마침내 숨겨진 진실을 탐구하는 사람 말이다. 그러나 유의점이 하나 있었다. 내가 꿈꾸는 건

기란 거의 전적으로 사유의 영역에서 일어난다는 것. 현실에서 나는 산책과 거리가 먼 인간이었다. 걷기 싫어서가 아니다. 말하기 부끄러워서 어디에 발설한 적은 없지만 전적으로 귀…… 귀……찮아서였다. 이제 와 고백하는 이유는 명백히 과거형이기 때문이다.

귀찮음이 사라진 것은 아니다. 그런 것은 쉽게 사라지지 않는다. 극복하지 않을 수 없는 초강력한 변수가 새로 등장했을 뿐이다. 어린 개가 온 후 여전히 온몸을 지배하는 귀찮음 따위와 상관없이 나는 하루에 두 번 혹은 세 번 반드시 집 밖으로 나가 동네 오솔길을 반복해 걷는 '프로 산책러'로 거듭났다. 비록 철저히 비자발적이며 수동적인 변모라고 해도 내가 거의 직업적으로 산책하는 사람이 되었다는 사실만은 부정하지 못한다.

어린 개의 목에 연결된 리드줄을 행여나 놓칠세라 꽉 움켜쥐고 바지 주머니에는 배변 봉투와 물티슈를 총알처럼 장전하고 마치 전장에라도 나가는 비장한 표정으로 골목길을 한 발 한 발 전진하는 내 모습이 가장 낯선 사람은 나였다. 어린 개와 사는 것은 그 전에 모르고 지났던,

모르고 지나도 아무 문제 없었던 삶의 여러 지평이 갑자기 넓어지는 일이었다. 추상적인 개념이 아니라 실제로 내가 활보하는 '동네'의 영역이 훨씬 넓어졌다.

그러면서 미처 알지 못했던 것들, 알려고 들지도 않았던 여러 가지를 피부로 느끼게 되었다. 예컨대 우리 동네에는 산책 나온 개가 정말로 많다는 것. 근처에는 오솔길이라고 불리는, 한참을 쭉 걸어가면 한강시민공원과 연결되는 흙바닥 산책로가 있었다. 그동안 아, 저런 곳이 있나 보다라고 남의 일처럼 여기고 내게 아무 감흥도 주지 않던 길이었다. 그런데 알고 보니 그 길은 아침이고 낮이고 밤이고 개와 산책하는 견주들과 견주를 따라 걷는 개들로 가득했다. 우리 동네에 개 키우는 집이 이렇게나 많았는지 어리둥절하기까지 했다.

실내 생활을 하는 반려견에게 산책이 가지는 의미가 매우 중대하다는 사실도 처음 알았다. 개의 신체 건강뿐 아니라 정신 건강을 위해서도 규칙적인 산책은 필수 불가결한 요소라고 했다. 그리고 현대 반려견 생활에서 산책이 매우 중요한 이유 중 하나는 배변 때문임도 새로 알게 됐다. 풀숲 바닥에 코를 박고 킁킁거리는 강아지들 옆에 엉거주춤 선 채 하염없이 무언가를 기다리던 그 많은 사람을 무심코 지나쳤는데 그들이 간절한 표정으로 기다리던 그것의 정체를 비로소 안 것이다. 바로 개똥이었다.

세상엔 실내 배변을 하는 개와 실외 배변을 하는 개가 있었다. 확실한 근거는 모르지만 실외 배변을 하는 개들의 비율이 더 높다는 얘기를 들었다. 실외 배변의 장점이라면? 무엇보다 배변 패드 값이 안 들 텐데! 나는 반사적으로 생각했다. 루돌이는 아주 많은 양을 먹고, 또 그만큼 아주 많은 양의 배설을 하는 강아지였다. 거실 화장실의 타일 바닥에 배변판을 펼쳐 그 위에 배변용 종이 패드를 깔아두었다. 이미 앞에서 자랑했듯 녀석에겐 대소변을 잘 가리는 특수 재능이 있었다. 집 안 다른 곳에 실수하거나 마킹을 하는 경우는 없었다. 늘 제대로 쌌고, 한 회의 분량은 엄청났고, 하루에 여러 번 패드를 갈아줘야 했다.

반면 실외 배변의 단점이라면? 비! 이번에도 반사적으로 외쳤다. 실외 배변만 하는 개들은 눈이 오나 비가 오나 천둥이 치나 밖에 나가야 배변을 했다. 나갈 수 없으

면, 즉 사람이 데리고 나가지 않으면 집에서는 며칠이고 꾹 참는다는 얘기를 들었다. 인터넷에는 아무리 궂은 날씨여도 '똥책'을 해야만 하는 견주들의 (눈물 없이 읽기 힘든) 사연이 넘쳐났다. 우리 집 루돌이는 그 중간이었다. 밖에 나가면 두 번에 한 번꼴로 큰일을 보았는데, 그렇다고 집에서 배변을 하지 않는 건 아니었다. 안이고 밖이고 신경 쓰지 않고 그냥 자기가 하고 싶을 때 했다. 실외 배변을 원하는 개에게 억지로 실내 배변을 하라고 강제할 수도 없고 반대의 경우도 마찬가지인 듯했다. 집사는 그저 따를 뿐이다.

처음의 겁나고 두려운 상태가 조금씩 사라지고 루돌이가 누구보다 맹렬하게 산책을 원하는 강아지가 되기까지 그리 오랜 시간이 걸리지 않았다. 그가 가장 좋아하다 못해 집착을 보이는 것은 오솔길 양쪽 가장자리에 무성하게 피어난 잡초들이었다. 가수 나훈아의 〈잡초〉에 등장하는 그 잡초였다. 가사를 곱씹다가 픽 웃었다.

향기도 없는 잡초라는 말은 우리 루돌이와 잡초의 관계에는 해당되지 않았다. 인간은 맡을 수 없는 잡초의 향기를 정신없이 흡입하는 강아지, 그것이 루돌이였다. 향기가 조금 전 앞서 지나간 다른 멍멍이의 쉬 흔적일지라도 말이다. 루돌이는 아무도 눈길을 주지 않는 길가의 잡초를 무척 많이 사랑하는 박애주의견일뿐더러 산책을 나가자는 시늉만 해도 행복해지는, 산책의 즐거움을 조금씩 배워가는 강아지였다. 그 사건이 일어나기 전에는.

★
루틴에 대하여

 많은 사고가 그저, 그냥 일어난다. 어언 3월이었다. 나는 이상하게 해마다 봄이 힘들다. 3월 초반부터 4월까지, 세상에 봄빛이 움트기 시작하면 어김없이 몸 여기저기가 아프고 무기력해지곤 했다. 낮에도 자주 졸렸고, 앉아 있기 힘들어 기회만 되면 어딘가에 누워 잠들고만 싶었다. 오랫동안 새 학년 증후군 같은 거라고 막연히 짐작해왔다. 그러나 몇 해 전 알레르기 검사를 한 후 그 원인이 꽃가루임을 알게 됐다. 참나무, 오리나무, 자작나무, 삼나무 등등 봄철 나무가 퍼뜨리는 꽃가루에 높은 수치가 나왔다. 봄에 컨디션 나쁠 때 절대로 숲속에 들어가면 안 된다고 의사는 매우 진지하게 설명했다.

그날도 그랬다. 개학을 한 지 얼마 되지 않았으니 3월 셋째 주쯤 됐을 것이다. 몸이 너무 힘들어서 오후가 깊숙해지도록, 루돌이가 보통 산책을 하는 시간이 훌쩍 지났는데도 나는 소파에서 일어나지 못했다. 그래도 산책은 나가야 했다. 비가 오지 않는 한 하루에 한 번은 반드시, 평균적으로 두 번, 많으면 세 번 강아지를 산책시키는 것이 내가 정해둔 루틴이었다. 그날 하늘은 맑았다. 비가 오지도 않는 이런 날 루틴을 어길 수는 없었다. 그 무렵 나는 루틴이라는 단어를 자주, 그리고 오래 생각하고 있었다.

routine. 루틴. (n) 규칙적으로 하는 일의 통상적인 순서와 방법.

'중학생을 위한 필수 영어 단어 500' 같은 제목의 책에서 처음 그 단어를 알게 되었다. 표지 디자인은 잊었어도 routine 옆에 그려진 일러스트는 선명히 기억한다. 쳇바퀴 통이었다. 그 안에서 다람쥐가 열심히 발을 굴리고 있을 것 같은. 단어 옆에 작은 그림 하나씩을 첨부한 출판사의 전략은 성공적이었다. 수십 년이 지난 지금까지 나는 그 단어의 뜻을 정확히 기억하고 있을뿐더러 발음을 들으면 반사적으로 그 쳇바퀴 그림을 떠올린다. 언젠가 이 이야기를 하자 친구는 의아하다는 듯 말했다.

"루틴을 보통 부정적인 뉘앙스로 많이 쓰나? 아닌 것 같은데."

그러곤 덧붙였다.

"어쩐지 너는 루틴을 힘들어하더라니."

이제야 이해가 간다는 투였다. 음, 그렇다면 출판사의 전략은 지나치게 성공적이었던 셈인가. 우리 사회에는 루틴을 대하는 세 가지 유형의 인간이 있는지도 모른다. 루틴을 긍정적인 단어로 인식하고 규칙적인 생활을 자기계발의 원동력으로 삼는 사람 또는 루틴 따위 나 알 바 아니라 간주하며 불규칙적인 삶의 파도에 몸을 맡기는 사람, 그리고 루틴을 힘겨워도 벗어날 수 없는 굴레로 여기고 바동바동 매일의 일상을 굴리며 살아가는 사람. 물어볼 것도 없이 나는 마지막 유형의 인간이었다. 범속한 생

확인이라면 대부분 그렇지 않은가!

　루돌이를 키운 지 얼마 지나지 않아 확실히 알게 됐다. 동물을 키우는 일(아마도 식물 역시)이야말로 강력한 루틴이 필요한 일이라는 사실을 말이다. 육아와의 결정적인 차이점은 인간은 더디도 조금씩 성장한다는 데 있었다. 동물은 그렇지 않았다. 생명을 다할 때까지 인간의 규칙적이고 안정적인 돌봄이 요구되었다. 인간이 돌봄에 대한 일정한 루틴을 만들고 지켜가지 않으면, 즉 인간이 조금 방심해버리면 동물의 생활은 금방 엉망진창이 되고 곤란한 처지에 놓인다. 강아지를 데리고 오기로 정해졌을 때 내가 극심한 내적 저항에 시달렸던 이유를 깨달았다. 안 그래도 열심히 돌리고 있는 일상의 쳇바퀴를 이제는 절대로 멈출 수 없음을 예감한 것이다.

　쳇바퀴를 멈출 수는 없지만 조금은 헐겁게 돌려도 되겠지. 그때 그런 생각이 살짝 스쳤다. 마침 B와 C가 막 하교를 한 참이었다. 나는 그들에게 산책을 부탁했다. 어른 없이 그들끼리 나가기는 처음이었다. 루돌이가 좋아하는 산책로로 가려면 신호등 없는 횡단보도를 하나 건너야 했다. 중앙선이 있는 1차선 도로였다. 일반적으로는 동네 주민들만 이용하는 한적한 길이지만 1킬로미터쯤 나가면 올림픽 도로와 이어지므로 우회하는 차량 때문에 출퇴근 시간에 반짝 붐비곤 했다. 바둑이의 목줄을 쥐고 있을 때 횡단보도 앞에서 늘 긴장이 되었다. 루돌이가 쌩쌩 달리는 차들은 보지 못한 채 저 너머의 풀밭을 보고 갑작스럽게 흥분하기 일쑤여서였다.

B와 C가 루돌이의 리드줄을 잡고 나간 뒤 아, 길 건널 때 조심하라는 당부를 못 했네라고 생각했다. 당부했어도 달라지지 않았을 것이다. 깜빡 잠이 들려는 찰나 전화벨이 울렸다. B였다. 사고가 났다고 외치고 있었다. 나는 정신없이 달려 내려갔다. 개 짖는 소리가 너무 커서 멀리서부터 사고 지점이 어딘지 알 수 있었다. 문제의 그 횡단보도였다.

C가 루돌이의 목줄을 잡고 횡단보도를 건너는 중에 저속이지만 멈추지 않고 달려온 차량에 치였다. 차에 치인 것은 개가 아니라 C였다. 보험사가 오고, 경찰이 왔다. 보행자 보호 의무 위반, 어린이 보호 구역 위반이므로 12대

중과실 사고라고 했다. C는 겨우 몸을 일으켰으나 다시 주저앉았다. 심한 통증을 호소했다. 근처 응급실에서 검사를 받기로 했다. 바둑이는 큰애와 함께 집으로 돌아갔다. 병원에 가는 내내 C는 줄을 놓치지 않아 다행이라고, 안 그러면 루돌이를 잃어버릴 뻔했다고 말했다.

운좋게 뼈가 부러지지는 않았다. 의사는 물리 치료를 하며 지켜봐야 한다고 했다. 경찰서에 나가 조사도 받았다. 그만하기를 얼마나 다행이냐고, 자칫하면 정말로 큰일 날 뻔했다고 사고 소식을 들은 이들이 다들 얘기했다. 보험 회사와 병원과 경찰서에서 사고 처리는 통상적인 방법으로 진행되었다. C는 빠르게 회복했다.

그런데 그게 전부가 아니었다. 미처 신경 쓰지 못했던 큰 변수가 남아 있었다.

★
충분하다

 사고 이후, 루돌이는 외출을 거부하는 개가 되었다. 눈앞에서 누나가 차에 치이는 모습을 보고 난 뒤 바깥세상을 극도로 두려워하게 되어버린 것이다. 녀석은 완강했다. 사람이 목줄을 찾는 눈치만 보여도 방 안으로 도망쳐 나오지 않았다. 여럿이 달라붙어 억지로 줄을 채워봤지만 그뿐이었다. 현관문 바깥으로는 한 발도 내밀지 않았다. 루틴이 사라졌다. 쳇바퀴 통이 정신없이 굴러갈 때는 모르지만, 통이 망가져 멈추고 난 뒤에 깨닫게 되는 것. 루틴은 어쩌면 그런 것이다. 어린 개의 고집스러운 뒤통수를 바라보고 있으니 나도 덩달아 울고 싶어졌다.

"그렇게 싫어하는데 그냥 안 나가면 안 되나요?" 개를 키우지 않는 지인이 물었다. 진짜 궁금해서 하는 질문이었다. 불과 몇 달 전의 나라면 '그럼 당분간 그냥 놔둬 볼까'라고 안일하게 생각했을지도 모른다. 그런데 한번 알고 나면 돌아갈 수 없는 세상이 있다. 몰라서 안 하는 것과 알아도 안 하는 것 사이에는 명확한 차이가 존재한다. 개에게 규칙적인 산책은 매우 중요한 의미를 갖는다. 개는 산책을 통해 운동과 기분 전환, 스트레스 해소의 효과만 얻는 것이 아니다. 새로운 냄새와 거리의 소리, 행인 등의 환경적 자극을 통해 사회성을 높인다. 무엇보다 보호자와 개가 하나의 줄로 연결되어 오로지 둘만 아는 믿음을 쌓아가는 시간이다. 걸을 힘 없는 노견을 '펫 웨건(개모차)'에 태워 산책길에 나서는 견주의 마음을 나도 불과 얼마 전까지 몰랐다.

훈련사에게 도움을 요청했다. 극적인 해결 방법은 없다는 말을 들었다. 바깥세상에 대한 부정적 인식을 바꾸는 게 급선무라 우선 밖에 머무는 시간을 점차 늘리는 게 중요하다고 했다. 현실에서 도무지 어떻게 적용해야 할지 난감했다. 일단 나가기부터 성공해야 뭐든 시작할 수 있는 것이다.

헨젤과 그레텔 전법을 사용해보기로 했다. 개들이 좋아하는 간식 중에 원료를 동결건조해 조그만 큐브 형태로 만든 제품이 있다. 치킨, 연어, 황태, 쇠고기 등등 치즈만 빼고 종류별로 죄다 샀다. 신발장 앞에서 출발했다. 바닥에 한 알을 던졌다. 루돌이가 제법 관심을 보이며 주워 먹었다. 두 알, 세 알…… 현관문을 조심스레 열고서, 그 바깥에 하나를 더 뿌렸다. 그렇게 하나, 또 하나, 또 하나…… 약 오 센티미터 간격으로 점점이 뿌렸다. 효과가 있었다. 루돌이는 조심스럽게 하나씩 주워 먹으면서 저도 모르게 앞으로 나아갔다.

계단 한 칸마다 트릿 하나씩이 필요했다. 간식에 정신이 팔려 얼떨결에 골목 어귀까지 나오게 된 녀석이 별안간 '여긴 어디, 난 누구'의 상태가 되었다. 루돌이는 즉시 몸을 돌리더니 집 방향으로 무작정 돌진했다. 나는 질질 끌리다시피 하면서 따라 들어왔다. 그래도 첫 번째 시도에 이만하면 성공이었다. 그런 방식으로 서서히 시간을 늘리고 범위도 넓혀갈 수 있었다.

 물론 남은 여정이 쉽지는 않았다. 이만하면 됐나 하면서 한숨 돌리는 순간에 다시 역행해버리는 일도 잦았다. 그럴 때면 방법은 하나뿐이었다. 일단 철수. 전열을 가다듬고 재출격. 다음 날 처음인 듯 출발점에 서기.

 심호흡을 하고 리드줄을 잘 조이고 다시 출발했다. 매일 걸음마를 새로 배우는 것 같았다. 서두르지 않고 천천히. 오늘은 오 분, 내일은 십 분, 모레는 십오 분. 조심조심 발맞춰 내디딘 걸음들만이 우리를 다른 곳에 데려다 놓는다. 우리를 구한다.

 마침내 사고가 났던 장소에 다다랐다. 찻길 건너 산책로 입구가 시작되는 곳. 횡단보도 앞에서 나는 루돌이에게 아무렇지 않은 듯 보이고 싶었다. 루돌이가 나를 의지할 만한 사람으로 여기게 하고 싶었다. 마치 어제 왔다가 오늘 또 온 듯이, 평범하게. 차가 오는지 양방향을 살피곤 후다닥 뛰었다. 나를 따라 루돌이도 뛰었다. 우리는 리드줄로 연결되어 있었다. 건너왔다. 아무렇지 않게 해냈다.

 나와 루돌이는 함께 선 채 우리가 방금 건너온 길을 바라보았다. 작고 폭이 좁은 도로였다. 구불구불한 길들은 앞으로도 뒤로도 이어져 있었다. 어떤 방향으로도 우리는 나아갈 수 있을까? 막상 산책로에 진입하자 루돌이는 한결 침착해졌다. 비둘기를 바라보고 잡초의 냄새를 맡고 가장 높다란 나무 아래 응가도 했다.

  루돌이는 다시 제 속도로 걸어갔다. 지금 그는 눈에 보이지 않는 금을 넘으려 애쓰고 있었다. 먼 곳의 보호소에서 살기 위해 홀로 여기 온 어린 개. 그가 얼마나 용감하고 씩씩한지, 두려움을 이겨내며 얼마나 멀리까지 가고 있는지 널리 알리고 싶다고 나는 생각했다. 높게 솟은 나무들과 초록 잎들 사이사이로 오후의 빛이 조심스레 우리에게 닿았다. 어제보다 오 분 더, 딱 그만큼만 걸을 것이다. 욕심내지 않을 것이다. 구름이 하늘 속을 흘러가듯이. 그걸로 충분하다.

★

그냥 개예요

나는 특별히 외향적인 성격의 소유자라고는 할 수 없다. 길 가다 처음 만난, 얼굴 본 지 막 일 초가 지난 사람과 태연하게 잡담을 주고받은 경험은 거의 없었다. 어린 개와 함께 길 위에 나서기 전에는. 루돌이와의 산책길, 너무도 아무렇지 않은 말투로 원래 아는 사이인 것처럼 툭 말을 걸어오는 이가 정말 많다. 그들은 대개 무심한 질문을 던지며 대화의 물꼬를 텄다. 그 첫 질문이 거의 세 개 가운데 하나라는 사실을 한참 후에야 알아챘다.

1) 애는 종이 뭐예요?

2) 애는 이름이 뭐예요?

3) 애는 몇 살이에요?

앞의 두 질문은 비슷하게 들릴지도 모르지만 실제로는 매우 다르다. 1번 질문에 맞닥뜨렸던 초기에 나는 번번이 약간 쭈뼛댔다. 눈앞의 낯선 이에게 어떤 단어를 골라 말해야 적절한지 몰라서였다.

학창 시절 뭘들 잘했겠느냐만 과학을 특히 못했다. 생물 시간에 외운 것 중 그래도 '종속과목강문계'의 생물 분류 체계는 머릿속에 남아 있다. 그에 따르면 우리 루돌이는 동물계 척삭동물문 포유강 식육목 개과 개속 늑대종이다. 그러므로 '종'을 묻는 질문에는 말할 나위도 없이 '개'라고 답해야 옳았다.

하지만 묻는 이의 의도는 그게 아니지 않은가. 설마 개를 고양이나 늑대나 오소리와 헷갈려서 던진 질문은 아닐 테니까. 나는 루돌이의 보호자로서 질문자의 의도에 맞춰 그의 '종류'를 밝혀야 했다. 나의 어린 개는 털 빛깔 때문에 종종 어린 보더콜리나 어린 비글이나 어린 잭러

셸테리어로 의심받곤 했다. 그러나 아니었다. 루돌이는 한반도 지역에 넓게 분포하는 토종개의 자손으로 토종개들끼리의 자연스러운 교배에서 태어난, 혈통을 명명할 수 없는 믹스견, 일명 시고르자브종이었다.

나는 루돌이의 종류를 '믹스'라고 할 수도 '한국 토종개'라고 할 수도 '시골개'라고 할 수도 있었다. '시고르자브'라는 위트 있는 신조어를 선택할 수도 있었다. 내가 좀 더 친절한 사람이었다면 그들의 눈높이에 딱 맞는 친절한 답변을 건넬 수도 있을 거였다. 그런데 혹시 그게 "보더콜리 아니에요. 잭러셀 아니에요. 그냥 동네 바둑이예요"일까. 그중 무엇을 택한대도 내 입을 통해 발화되는 순간 루돌이는 진짜 루돌이가 아닌 모종의 다른 존재가 되는 것 같았다. 특히 자신이 기대한 그 '종류'가 아님을 알고는 "난 또"라면서 휙 지나가는 일을 몇 번 겪은 뒤부터는 말이다. 언젠가 다른 믹스견주로부터 '하이브리드'라고 대답하라는 팁을 듣기도 했다. 그래야 사랑하는 내 개가 덜 무시당한다는 말은 마냥 농담 같지만은 않았다.

한번은 '시고르자브종'이라는 내 대답을 들은 어떤 분

이 의아해했다.

"그런 종도 있나요?"

진지한 반문 앞에서 그것이 '시골 잡종'을 외래어처럼 들리도록 발음하는 조어라고 설명했다. 왠지 실없는 사람이 된 것 같았다. '시고르자브종'이라는 단어가 생긴 이유, 그 뉘앙스에 담긴 씁쓸한 유머, 웃어넘길 수만은 없는 복잡한 사회적 의미에 대해 곱씹어보았다. 요즈음엔 익숙해져서 '그냥 믹스'라고 아무렇지 않게 대답하곤 하는데 왜 나도 모르게 자꾸 '그냥'이라는 부사를 붙이게 되는지 자아 성찰 중이다. 혹시 나는 "얘는 그냥 개예요"라는 말을 하고 싶은지도 모른다.

2번 질문을 받으면 상대적으로 기쁘다. 재빨리 대답을 해보지만 한번에 알아듣는 이가 거의 없다는 점이 신기하다. 그래도 '루돌프'의 루돌이라고 다시 설명하면 거의 "아" 하는 작은 감탄사를 뱉는데 나는 그게 좋다. 루돌이라는 이름을 이제 나는 하루에 몇십 번은 부른다. 루돌아, 정루돌, 짱루돌, 돌루야, 돌돌아, 어떻게 불러도 그건 고유하고 특별한 단 하나의 개를 향한 호명이다.

★
너무 크거나 너무 크지 않은

 루돌이는 크다면 큰 개고 안 크다면 안 큰 개다. 대형견의 일반적 기준을 체중 20~25킬로그램 이상, 소형견의 기준을 체중 10킬로그램 미만이라고 본다면 그렇다. 생후 30개월 차 현재 그의 체중은 15~16킬로그램 사이다. 즉 대형과 소형 어느 쪽에도 끼지 못하는 무게다. 중형견이라는 분류 항목도 있긴 하지만 현실에서는 어쩐지 환영보다 배제를 위해 적용되는 때가 많은 듯하다는 건 기분 탓일까. 어렵사리 찾아간 반려견 동반 장소의 입구에 붙은 '중대형견 불가'라는 안내문을 발견하곤 맥없이 돌아서는 경험을 반복하다 보면 자격지심이라고 불러도 될 법한 묘한 감정을 저절로 느끼게 된다. 중형견주도 이럴진대 대형견주들의 일상은 도무지 어떨지.

루돌이를 데려오기 전에는 얼마나 클지 알 수 없었다. 모견은 6킬로그램 정도이나 부견의 크기를 몰랐으며 동배 남매들도 제각각이었다. 가장 작은 아이는 루돌이의 3분의 1에 불과해서 가계도에 의한 추측은 무의미했다. 그깟 몸무게와 체격 정도가 무슨 상관이냐는 주장은 당시 내 귀에는 제대로 들어오지 않았다.

대형견이 싫으냐는 말이 가장 억울했다. 큰 개가 싫고 작은 개일수록 좋다는 차원의 얘기가 아니었다. 그때까지 나는 개라는 종을 키워본 적이 단 한 번도 없었다. 견주의 삶을 꿈꿔본 적도 없었다. 혼자 산책은커녕 목줄을 잡아본 적도 없었고, 목욕은커녕 제대로 쓰다듬지도 못하는 상태였다. 그런 초심자가 갑자기 대형견 보호자 역할을 감당할까 하는 걱정이었다. 유사시 양손으로 번쩍 들어 올릴 만한 크기면 좀 수월하지 않을까 하는 마음이 잘못은 아니지 않은가. 개를 키운다는 결심, 즉 '희생'을 하려는 나에게 차별주의자의 누명까지 씌우다니. 참을 수 없다고 그때의 나는 생각했다.

루돌이는 오자마자 아주 빠르게 자랐다. 어마어마하게 먹고 어마어마하게 잤다. 자고 일어나면 다리가 훅훅 길어지고 몸집이 확확 불어나 있었다. 열흘 만에 본 이웃이 그새 다른 강아지를 또 데려온 게 아니냐고 할 정도였다. 12월에 5킬로그램 정도로 도착했던 강아지는 새해가 되자 모견의 무게를 넘어섰고, 3월이 되기 전에 10킬로그램대에 진입했다.

미지의 존재일 때는 얼마나 클지 걱정스러웠지만 눈앞의 강아지를 대하는 마음은 완전히 달랐다. 사료 한 톨까지 싹싹 긁어 먹고 간식 앞에선 팔짝팔짝 뛸 만큼 행복해하며 잠자리 가리지 않고 집 안 아무 곳이나 발라당 누워 쿨쿨 잠드는 현실의 똥강아지는 기특하고 귀엽기만 했다.

비로소 나는 반성했다. 김지혜의 책 《선량한 차별주의자》에 따르면 나는 전통적 차별주의자는 아니었을지 몰라도 '선량한 차별주의자'의 혐의에서 자유롭지 않았다. 악의는 아니었을지라도 무지와 편견에 기반해 마음대로 판단했다. 개의 체격이 클수록 반려 생활의 난이도가 수

직 상승하리라는 건 오해였다. 대형견, 중형견, 소형견을 나누는 세상의 기준은 어쩌면 수치적 잣대에 불과했다. 크기가 크다고 해서 더 사납거나 공격적이거나 인간이 다루기 어려운 것도 아니었다. 루돌이와 생활하면서 내 인식의 지평도 조금씩 넓어지고 있었다.

점점 루돌이는 제법 의젓한 중형견의 외양을 갖추어갔다. 그리고 오래지 않아 나는 대도시에서 큰 개와 함께하는 삶이란 군데군데 도사린 만만치 않은 장애물들을 돌파하는 일임을 본격적으로 알아갔다. 동네 오솔길은 개 산책의 명소라 어떤 시간에 나가도 다른 개들과 마주치곤 했다. 다른 개들에 대한 어린 루돌이의 태도는 지극히 양면적이었다. 무섭기는 한데 너무 궁금해! 처음에는 쭈뼛쭈뼛, 상대방 주변을 탐색할까 말까 망설이다가 그쪽이 자리를 뜬 뒤에야 어찌할 바를 모른 채 하염없이 아쉬워하기의 반복이었다. 앞에선 우물쭈물하다 저 멀리 사라지는 친구를 쫓아가고 싶어 뒤늦게 버둥거리기 일쑤였다. 녀석을 진정시키면서 나는 말했다.

"야, 버스 진작에 떠났어."

다른 견주들이 종종 물었다.

"얘 몇 살이에요?"

아직 6~7개월령이라고 대답하면 그들의 표정이 대번에 환해졌다.

"아, 아기구나, 어쩐지!"

사춘기 양육자의 눈빛으로 루돌이를 지그시 바라보는 분이 많았다. 멈춰 있지 않은 생명체를 키우는 사람이 멈춰 있지 않은 그보다 어린 다른 생명체를 바라보는 눈동자엔 복잡한 경이감이 어려 있었다.

"얘가 아직 어려서 뭘 몰라요."

내가 말하자 그맘때는 원래 다 그렇다는 위로가 돌아왔다. 신기한 것은 루돌이를 대하는 다른 개들의 태도였다. 대부분 루돌이에게 별 흥미가 없었다. 조그만 개도 몸집이 훨씬 큰 루돌이를 무서워하기는커녕 시큰둥해하는 것 같았다. 어쩐지 대등한 대상으로 취급하지 않는 느낌이었다. 루돌이 역시 형님뻘인 그나마 젊은 개들에게는 뭔가 좀 놀아보려는 제스처를 취하기도 했지만 열 살 넘는 노견들과 만나면 멀리서부터 쓱 꼬리를 내리고는 했다.

"자기들끼리는 귀신같이 딱 알죠. 꼬꼬마인지 어르신인지."

어떤 분이 귀띔해주었다. 그런 일들이 나는 신기하기만 했다. 그러나 다정한 견주들만 마주친 것은 아니다.

"아휴, 저렇게 큰 개를 무서워서 어떻게 키워?"

네? 역시 크다 작다의 개념은 너무 주관적이었다. 그때 나와 개는 특별히 뭘 하고 있었던 것도 아니다. 그저 그 행인과 멀리 떨어져서 우리 갈 길을 가고 있었을 따름이다. 나 들으라고 부러 큰 목소리로 한 말인지, 아니면 당사자에게 들리든 말든 아랑곳없이 목이 칼칼하여 아무 말이나 했는지, 아니면 괜히 주변의 관심을 모으고 싶었는지 모르겠다. 루돌이도 들었을 텐데 하고 한발 늦게 깨달았다. 집에 돌아와서도 속상한 마음이 이어졌다. "저기요, 잠깐만요, 지금 뭐라고 하셨어요?" 그렇게라도 대거리하지 못한 것이 바보 같았다. 한편으론 불러 세웠다 한들 내가 뭘 할 수 있었으랴 하는 무력감이 들었다.

"'우리 개 안 무섭거든요!'라고 했어야지."

"'별로 안 크거든요!'라고 하는 게 맞지."

그 자리에 없었던 이들이 나보다 더욱 화를 냈다. 그들의 말이 틀리지 않지만 완전히 맞지도 않았다.

"크다고 무서운 거 아니거든요."

이러면 내가 원하는 정답에 가까울까. 그런데 그렇게 따박따박 맞대응했다면 속이 덜 상했을까. 상대는 입을 다물었을까. 무례한 말을 멈추게 만드는 비법을 찾습니다.

★
웃음이 나옵니까?

 한동안 이른 아침 산책을 즐겼다. 하루를 일찍 시작하고 좀 더 알뜰하게 쓰려는 이유였다. 일찌감치 동네 한 바퀴를 돌고 들어오면 루돌이는 만족한 듯 쉬고 싶어 했고, 그러면 내게도 강아지를 혼자 두고 일하러 나갈 내적 명분이 생겼다. 햇살도 바람도 상쾌한 날이었다. 아침 산책의 끝자락, 집을 향해 신나게 걸어가던 루돌이가 갑자기 걸음을 멈추었다. 꼬리를 아래로 말더니 자꾸 반대편으로 가자고 낑낑댔다. 저쪽 초소형 몰티즈가 다가오고 있었다. 루돌이가 겁내는 낌새로 미루어 노견인가 보았다. 이 '쫄보' 녀석은 언제까지 이러려는 건가. 리드줄을 짧게 고쳐잡고서 한편에 비켜선 채 그런 생각들을 두서없이 했다. 어느새 상대편 견주가 곁에 성큼 다가와 있었다. 젊은 남자였다. 처음 보는 얼굴이었다.

"지금 뭐 하시는 겁니까?"

그는 다짜고짜 내게 화를 냈다. 대꾸할 틈 없이 몰아붙였다.

"웃음이 나옵니까?"

어리둥절했다. 내가 방금 무슨 말을 들은 거지. 왜냐하면 나는 웃고 있지 않았기 때문이다. 지금 뭘 하시느냐는 말에 곧이곧대로 대답하자면 그저 길 위에 서 있었을 뿐이다. 그의 개가 잘 지나가도록 나의 개와 함께 고이 비켜 있었다. 남자가 험상궂은 표정으로 나를 한동안 노려보았다. 얼굴의 표정 근육만으로 욕설을 뱉을 수 있다니 놀라운 능력이었다. 두고두고 그 순간을 반복해 떠올렸다. 나는 나를 의심하기 시작했다. 나는 얼굴형이 동글고 체구가 작은 여성이었다. 평소 어색하거나 영문 모를 상황에서 찌푸리기보다는 살짝이나마 미소를 짓는 편이었다. 성격이 좋아서가 아니었다. 그럴 리가 있나. 단지 약간이라도 덜 어색해지고자 하는 아이스브레이킹 차원에서, 또 이 영문 모를 상황을 우호적으로 처리하겠다는 의지를 드러내고자 그렇게 해왔다. 혹시 그 순간에 나도 모르게 상대가 미소로 착각할 만한 어떤 표정을 입가에 띠고 있지는 않았나? 내가 리드줄을 더 짧게 잡고 벽 쪽에 붙어 서거나 아예 다른 방향을 향해 몸을 돌려세워야 했나? 후회가 되었고 화가 났고 내가 미웠고, 그래서 무서웠다. 그와 마주쳤던 아침 시간에 더 이상 산책을 나가지 못하게 됐다.

비슷하달 수 있는 일들을 길 위에서 몇 차례 더 겪었다. 그저 그 자리에 루돌이와 함께 있었다는 이유로 당한 크고 작은 봉변들. 산책길에서 다른 개와 마주칠까 봐 신경이 곤두섰고, 낯선 견주가 인사를 시키자며 다가오면 머쓱히 피하게 되었다. 특히 북실북실한 흰 털을 가진 작은 몸집의 개와 스쳐 지나야 할 때면 더 예민해졌다. 헤어진 엄마가 흰색 털을 가진 작은 개였기 때문인지 루돌이는 유독 그런 개에게 더 적극적이고 친근한 태도를 보였다. 하지만 친밀감을 표현하는 중형견의 제스처가 소형 견주들에게는 어떻게 오인될지 몰랐다.

얼마 후 아침을 피해 점심 무렵에 나갔는데도 표정으로 욕할 줄 아는 그 남자와 또 만났다. 하필이면 피해 갈 수도 없는 좁은 길목이었다. 그의 작은 개는 심지어 목줄을 하지 않고 있었다. 노리시의 작은 개가 먼저 팔랑팔랑 루돌이에게 다가왔다. 덩치 차이가 몇 배는 났다. 가까이 가려는 루돌이의 줄을 나는 황급히 당겼다. 나도 모르게 '목줄'이라는 단어가 입 밖으로 튀어나왔다. 물론 나는 특별히 대범한 성정의 소유자가 아니므로 기어 들어가는 목소리였을 것이다. 그러자 남자가 내게 대뜸 욕설을 내뱉었다. 그야말로 쌍욕이었다. 쌍욕의 구체적인 내용은 뇌리에 생생히 박혀 있지만 여기서는 생략하겠다. 남자는 성우라고 해도 좋을 만큼 발성이 좋고 발음이 또박또박했다. 귀에 쏙쏙 들어와 박히는 연극 톤의 음성을 듣는 동안 나는 충격에 빠졌다. 이토록 환한 대낮에, 주택가의 동네 공원에서, 도무지 현실의 일이라고 느껴지지 않았다. 방금 내게 일어난 일이라고는 도저히. 경찰에 신고를 이라는 정도의 생각이 들었을 땐 상대가 이미 사라진 뒤였다.

 그동안 내가 개 없이 살아온 '그저 보통의 세계'는 사실 더없는 환대의 세계였음을 알았다. 많은 여성 견주가 이 비슷한 일들을 경험한다는 걸 알게 되었다. 아침이고 낮이고 저녁이고 새벽이고. 이제 나는 산책을 나갈 때면 배변 봉투와 휴지 같은 것과 함께 의도된 무표정을 갑옷처럼 장착한다. 내 개와 나를 아무도 건드리지 마, 말도 시키지 마라는 강력한 기운을 뿜어내려 애쓴다. 그렇게 산책 내내 혼자만의 기싸움을 하다 들어오면 힘이 쭉 빠진다.

 아직도 멀리서 작은 몰티즈라고 추정될 만한 개가 보일랑 말랑 하면 심박수가 올라간다. 리드줄을 고쳐 쥐곤 반대 방향으로 도망칠 준비를 한다. 도망은 아무런 해결책이 못 되는 줄 알면서도. 내 개와 나를 지키기 위한 다른 방법을, 느닷없이 마주치는 폭력에 현명하게 대처하는 방법을 여전히 나는 모르니까. 하긴 폭력 앞에서 여전히 '현명'을 찾아대는 나는 또 얼마나 우스꽝스러운가. 대적할 방법이 아니라 사전 방어, 사후 도망의 방법을 도

모하는 것은 또 얼마나 억울하고 이상한 일인가. 그런 자괴감 또한 내 몫이다. 폭력의 뒤끝은 길고 상처는 잘 아물지 않는다.

★
커뮤니케이션의 이해

 개에게는 꼬리가 있다. 나에게 이 문장은 동물도감의 한 페이지에서나 볼 법한 것이었다. 하지만 지금 개의 꼬리란 무료한 일상을 시트콤으로 만드는 치트 키가 되었다. 루돌이는 언제나 꼬리로 우리를 웃긴다. 개의 꼬리는 감정을 표현하는 거의 절대적인 도구다.

 꼬리 없는 루돌이는 상상할 수 없다. 녀석은 꼬리를 흔들고 꼬리를 치고 꼬리를 내린다. 꼬리를 빠르게 흔들기도 천천히 흔들기도 한다. 둘의 의미는 다르다. 빠르게 흔들면 반가움을 표현하고 천천히 흔들면 긴장하는 것 같다. 물론 아닐 수도 있다. 꼬리를 내릴 때는 겁먹었거나 상대에게 복종하겠다는 뜻 같지만 만사가 다 귀찮거나 감흥이 없을 때 그러는 것 같기도 하다. 물론 아닐 수도 있다. 우리가 알든 모르든 그에게는 아무튼 다 뜻이 있다. 루돌이의 꼬리는 루돌이의 언어이니까.

사람이 표정을 숨기듯이 개도 혹시 그러려나 엉뚱한 상상을 해본다. 꼬리질을 숨기기 위해 나름대로 노력 중인 건 아닐까. 실은 더 신나게 흔들고 싶어도 속마음을 너무 티 내면 창피해서 살짝 소심하게 흔든다거나 별로 열심히 안 흔들고 싶어도 주인이 서운할까 봐 열심히 흔드는 척하는지도 모른다고. 그러나 곧 상상의 나래를 접는다. 그럴 리가 없다.

가끔 루돌이가 한국어를 꽤 많이 알아듣는 게 아닐까 의심스럽다. 적어도 몇 개의 단어는 확실히 안다. 산책을 의미하는 '가자', 맛있는 걸 의미하는 '꼬기', 그리고 '루돌'. 루돌이가 자기 이름임을 안다고 확신하게 된 계기도 꼬리다. 루돌이가 집 안에서 가장 좋아하는 공간은 안방 침대 밑인데 몸을 억지로 구겨 좁은 공간에 밀어 넣는다. 몸을 숨긴다. 비좁고 캄캄해서 그만 좀 들어가면 좋겠건만 바로 그래서 편안함을 느끼는 모양이다. 루돌이가 또 거기 숨었나 싶으면 나는 크게 외친다.

"루돌아! 우리 루돌이 어딨니?"

밖으로 조금 삐져나온 긴 꼬리 뒷부분이 사정없이 흔들린다. 숨긴 숨었는데 내 목소리에 그만 반가움을 감추지 못하고 반응한다. "나 여기 있어요!" 꼬리가 너울너울 요동친다. 하여튼 개는 진심을 숨기는 데에는 영 재능이 없는 동물이다.

"거기서 뭐 해? 얼른 나와!"

나오기 귀찮은지 꼼짝하지 않으면서 꼬리만 계속 흔들어댄다. 그 뺀질거림이 사랑스럽다.

녀석이 눈 깜짝할 사이에 후다닥 나오게 하는 방법을 나는 알고 있다.

"꼬기 먹을까?"

루돌이가 애정을 표현하는 수단은 꼬리 말고 또 있다. 혀. 루돌이는 이 집의 패트롤 담당이다. B와 C가 혼나거나 잔소리를 듣고 있으면 어김없이 출동한다. 언제나 녀석은 곤란에 처한 사람, 약한 사람의 편이니까. 속상한 이의 발바닥이든 손등이든 가리지 않고 핥는다. 혼내는 사람에게는 눈길도 주지 않는다. 그만하라고 시위하는 것처럼. 신기하게도 루돌이는 나는 핥지 않는다. 핥는 걸 내가 별로 좋아하지 않기 때문이다. 내색한 적 없는데 기막히게 눈치를 채고는 처음부터 내게만 하지 않는다. 사려 깊은 애정이다.

그 대신 내게만 하는 표현들도 있다. 첫 번째는 발라당. 그의 발라당은 때와 장소를 가리지 않는다. 집에서도 느닷없이 내가 지나가는 길목을 막고는 장난하듯 앞발로 발등을 두어 번 툭툭 친다. 그러곤 갑자기 바닥에 옆으로 누워버린다. 내가 그 옆에 쪼그려 앉으면 기다렸다는 듯 몸을 홱 뒤집는다. 나는 손바닥으로 천천히 그의 배를 문질러준다. 오래전 내가 아이였을 때 배가 아프다고 하면 할머니가 쓸어주시던 것과 비슷하다. 둥글게, 둥글게. 웬만해선 내가 먼저 그만두지는 않으려고 한다. 그렇게 인간이 다정한 동작을 획 그만두고 떠나버리면 개는 슬퍼진다는 얘기를 읽은 적 있기 때문이다. "이제 열 번만 더 문지르고 그만할 거야. 난 지금 나가야 하거든. 그렇지만

금방 다녀오니까 삼십 분 후에 다시 해줄게" 하는 예고를 개는 알아듣지 못할 테니까. 번번이 루돌이가 먼저 쓱 일어서서 총총 사라진다. 자기가 먼저 만져달라고 누웠던 것처럼. 내가 촌각을 다투는 바쁜 일을 하는 사람이 아니라 다행이다.

두 번째는 신발 숨기기다. 루돌이를 키우면서부터 나는 집에서 꼬박꼬박 실내화를 신는다. 학생들이 신는 합성 고무 재질의 운동화다. 루돌이가 이갈이를 하며 만물을 깨물고 다닐 때 맨발을 보호하고자 신기 시작했다가 이제는 습관이 됐다. 학교에서 왜 이런 모양의 실내화를 신기는지 이해하게 됐다. 루돌이는 호시탐탐 이 실내화를 노린다. 내가 외출하면, 즉 실내화를 벗어놓으면 번개같이 달려들어 한 짝을 입에 물고 도망친다. 대개는 자기가 좋아하는 안방 침대 밑이나 애착 쿠션 위, 이불 속 등에 고이 숨겨둔다. 내가 외출에서 돌아왔을 때 실내화 두 짝이 모두 신발장 앞 제자리에 고이 놓인 적이 거의 없다. 만약 그러면 이 녀석 오늘 컨디션이 별로인가 의심스러울 정도다. 그는 신발을 내 몸의 일부라고 여기는 것도 같다. 루돌이가 주는 절대적인 사랑과 경의에 종종 면구함을 느낀다. 어디에 어떤 모습으로 있어도 나를 있는 그대로 봐주리라는 이토록 완전무결한 믿음을 내게 준 존재는 루돌이가 처음이다. 그는 어떤 생색도 없이 그렇게 한다. 차원이 다른 사랑이다.

일찍부터 개라는 종과 가까웠더라면 나는 지금과 다른 사람이 되었을 것이다. 속이 더 따뜻하고 말캉한 사람.

며칠 전 B가 속상한 일이 있는지 제 방 침대에서 눈물을 흘리고 있었다. 방문이 아주 조금 열려 있었는데 개가 힘으로 열기는 역부족이었다. 루돌이는 방문 밖에 안절부절못하고 하염없이 쪼그려 앉아 있다가는 기어이 콧등으로 방문을 밀고 들어갔다. 슬쩍 들여다보니 B의 손과 뺨을 정성껏 핥아주고 있었다. 그 슬픔을 온전히 제 것으로 받아들이려는 듯이. 그보다 다정하고 성실하고 착한 위로의 방법을 나는 모른다. 루돌이는 언제나 다정하고 성실하고 착한 개다. 인간을 사랑해본 적 있는 이 세상의 모든 개가 그렇듯이.

"너무 속상해하지 마. 그러면 루돌이가 슬퍼하잖아."

그 말은 아이들뿐 아니라 지치고 힘든 날에 내가 나를 토닥이는 작고 반짝이는 주문 같은 것이 되었다.

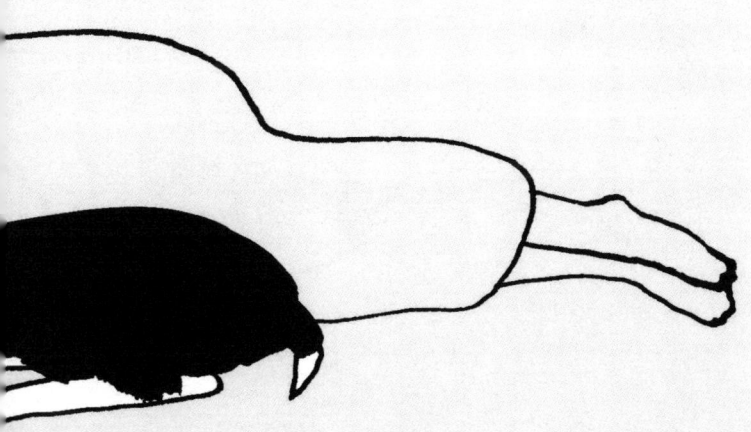

3

너는 언제나 나보다 크다

★
동반? 가능한데 불가능합니다

언젠가 당신의 인생에서 가장 중요한 가치가 뭐냐는 질문을 받은 적이 있다. 보기에 사랑, 행복, 명예, 부 같은 항목들이 속해 있었다. 나는 한참 동안 머뭇거렸는데 고르고 싶은 답이 보기에 없어서였다. 내가 고르고 싶은, 인생에서 가장 중요한 가치는 '자유'였다. 저 여러 개의 훌륭한 것들 중에서 딱 하나만을 가질 수 있다면 단연코 자유였다. 하고 싶은 것을 할 자유, 하지 않을 자유, 자유로울 자유.

개와 사는 삶은 일반적인 의미에서 자유가 대폭 제한받는 삶이다. 즉흥적인 여행을 떠나지 못하는 건 물론이고 계획적인 여행이라도 한번 떠날라치면 미리 준비해야 할 항목이 너무 많아서 차라리 다 그만두고 싶어진다. 가끔 개가 없던 때를 떠올린다. 그립냐고 단도직입적으로 묻는다면 부인하지는 못하리라. 그런데 루돌이가 없던 때가 그립다는 의미가 아니다. 캐럴라인 냅은 《개와 나》에서 "이제 개가 없는 삶은 상상할 수 없다"라고 썼지만 나는 다르다. 나는 개가 없는 삶은 상상할 수 있다. 다만 루돌이가 없는 상상을 할 수 없게 됐다. 나에게 개는 루돌이라는 구체적인 실물로 존재한다. 루돌이는 나로 하여금 자유의 형식과 내용에 대해 새로운 질문을 하도록 만들었다.

개를 데리고 가지 못하는 곳엔 개를 놓고 가거나 아예 안 가면 된다는 게 나의 의견이었다. 내 기준에서는 그것이 최소한의 자유였다. 네이버 지도에서 '반려견 동반' 같은 키워드로 장소 검색을 먼저 한 다음에 가능하다고 되어 있는 업장과 일단 유선 통화를 시도한다. 가능하다는 확답을 듣고, 적어도 후기 검색을 통해 확실한 세부를 확인한 뒤에야 움직이게 되었다. 또 웬만해서는 새로운 동반 장소에 가는 시도를 하지 않으려고도 한다.

현실에서 '반려견 동반 가능'이라는 문구가 모든 개에게 평등하게 적용되는 것이 아님을 경험으로 배웠다. 웹에 반려견 동반으로 표시된 식당에 어렵사리 찾아갔다가 입구에서 거절당하는 경험을 여러 차례 하고 나서다. '입구 컷'을 당한 이유는 거의 다 루돌이가 '큰' 개라서였다. 입장이 가능하기는 하지만 10킬로그램 미만 소형견만 가능하다는 설명을 가장 여러 번 들었다.

최근 집 근처에 반려동물 입장 환영을 표방하는 레스토랑이 생겼다는 소식을 들었다. SNS에 분명히 명기되어 있음을 확인하고도 전화를 해봤다.

"중형견인데 괜찮을까요?"

목소리가 자동적으로 비굴해진다.

"몇 킬로그램일까요?"

"음, 15킬로그램쯤인데요."

살짝 낮춰도 본다.

"죄송합니다. 그 정도 크기는 곤란한데요."

이미 익숙한 패턴이었다. 견종과 크기에 따라 은밀하

게 차별하면서 동물 친화적인 공간으로 홍보하는 행태다. 반려견 동반 체크인이 가능하다는 모 호텔에서 제시한 기준은 10킬로그램. 반려견과 옆자리 동반 비행이 가능하다는 모 항공사의 전세기 또한 크게 다르지 않았다. 반려견 동반이 가능하다는 문구를 믿고 심지어 동물 친화적인 정책에 황송해하면서 입구에 도착한 반려인들은 당혹스러움을 느낀다. 그냥 조용히 돌아서는 이유는 허용하지 않는 공간에 억지로 밀고 들어갈 수도 없을뿐더러 아무것도 모르는 루돌이를 눈치꾸러기로 만드는 게 싫어서다. 왜 동물 친화적인 마케팅으로 혼란을 불러일으켰느냐고 항의해봐도 돌아오는 건 (운 좋으면) 하나 마나 한 사과이고, (운 나쁘면) 그러게 애초에 규정을 잘 살펴보고 왔어야 하지 않느냐는 적반하장이다.

"반려견 가능하다고 되어 있던데요?"

"소형견만이라고 명기되어 있습니다만."

안내 사항의 스크롤을 끝까지 내려보면 맨 아래에 조그만 글씨로 적혀 있기 일쑤다. 애초에 '노펫존'이라고 안내되었다면 찾아오지도 않았을 것이다.

언제 가도 늘 루돌이를 반가워해주는 동네의 작은 이탈리안 식당, 목줄만 하고 들어가도 되냐는 질문에 "당연하죠"라고 웃어주며 강아지 물컵까지 챙겨주는 단골 에스프레소 바. 그런 익숙한 다정함의 세계 바깥으로 나가는 일을 내가 꺼리고 두려워하는 근본적인 이유를 돌아보지 않을 수 없다.

루돌이를 옆에 두고 얘는 너무 커서 우리 매장 입장 불가라고 말하는 이에게 제대로 따지지도 못하고 황급히 돌아 나오는 이유는 루돌이 때문이 아니라 스스로가 타인에게 폐 끼치는 인간으로 보이고 싶지 않아서일 수도 있었다. 소심과 비겁은 때때로 잘 구별되지 않으니까. 어린 개의 보호자로서 나는 소심할지언정 비겁하고 싶지는 않다. 나에게는 보다 의연한 용기가 필요하다. 그래서 오늘도 혼자 중얼중얼 연습해본다.

"동물 친화적이라는 수식을 쓰면서 차별을 하면 안 되지 않나요?"

✶
오늘 마감 이유

 개 키우는 일에 관한 글을 쓰기 시작하며 직업 영역에서 작은 변화들이 일어났다. 반려동물 관련 서적에 글이나 추천사를 몇 번 청탁받았고, 북페어의 반려동물 세션에 패널로 출연하라는 제안도 받았다. 소설가가 소설이 아니라 개에 대해 이야기하라는 제안을 받다니. 흡사 맛집 탐방을 좋아하는 작가가 요리책 세션에 초대받은 것과 비슷한 일일지도 모른다. 일정이 맞지 않아 참석하지는 못했지만 나는 웃으며 이 상황을 받아들이려고 애썼다.

 시간 관계상 다 하지는 못해도 추천사 제안에 성의껏 응하려고 하는 이유도 다른 누구가 아닌 나 자신을 위해서다. 원고를 미리 읽는 동안 오히려 내 쪽에서 공부가 많이 된다. 그렇게 읽은 책 중 대표적으로 큰 도움을 받은 책은 이원영 수의사의 《우리 아이 첫 반려동물》이다. '우리 아이'라는 말을 듣고 부끄럽게도 내 어릴 적이 먼저 떠올랐다. 비밀이지만 나의 깊은 내면에서 첫 번째 아이는 바로 '어린 나'인 것 같다.

처음 루돌이를 데려온 뒤 말 그대로 패닉 상태에 빠져 버둥대던 나, 저 강아지와 이대로 영원히 한집에서 사는 일이 불가능해 보이는데 쟤를 내보낼 순 없으니 내가 나가야겠다고 결심하던 나. 그렇게 한없이 어리고 또 허술하던 중년의 나. 책은 아이를 키우는 가정에서 반려동물을 어떻게 맞이하면 되는지에 대한 일종의 안내서다. 일단 동물을 입양한 뒤에 가서 이럴 줄 몰랐다고 후회하는 경우를 막기 위한 목적이라고 할 수 있다. 무엇보다 중요한 것은 '마음'과 '자세'임을 새삼 배웠다.

스승은 곳곳에, 인스타그램에도 있다. 작은 동네에서 가게를 운영하는 분들이 앞집 개의 일상을 올리는 계정을 자주 훔쳐본다. 앞집 할머니가 키우는 개 깐돌이의 일상을 애정 어린 눈으로 바라보는 이 계정의 묘미는 바로 그 3인칭 관찰자 시점에 있다. 평범한 이웃 개를 얼마나 애틋하고 사랑스러운 존재로 대하는지, 그 시선을 따라가다 보면 골목골목의 모든 동네 개가 애틋하게 느껴지는 마법이 일어난다. 사랑의 순환을 생각하게 된다.

그 외에도 SNS의 알고리즘은 나를 자주 개와 고양이의 세계로 데려간다. '어느 날 갑자기 우리 집 마당에서 어린 강아지가 발견되었어요' 같은 릴스에 자석처럼 끌려 들어가지 않을 도리가 없다. 평소 인간끼리의 구원 서사에 질색하는 내가 다른 종족끼리의 일에는 한없이 마음이 약해지는 특성이 있음을 새로 알았다.

"당분간 우리가 돌보며 주인을 찾아주려고요. 강아지가 우리에게 마음을 여는 것 같아요. 그냥 우리가 받아들이고 잘 키워보기로 했어요."

이쯤 되면 나는 휴대폰을 부여잡고 흐느낀다. 남의 집 강아지가 진심으로 행복하기를, 이 세상의 모든 외로운 동물과 외로운 사람이 만나 한 가족이 되기를 기도하면서. 또한 인생에 갑자기 뛰어든 동물을 돌보며 세상 밖으로 눈을 돌리게 된 견주도 많아 보였다. 다른 불쌍한 개를 임시 보호하거나 바자회 등을 열며 사랑의 범위를 확대해가는 이들에게 그저 '리스펙트!' 하는 심정으로 찬탄을 보냈다.

'펫플루언서(펫+인플루언서)'라는 신조어를 듣고서 절묘하다고 생각했다. 그러나 그 진정한 뜻에 관해 나는 하나만 알고 둘은 몰랐다. 펫플루언서는 정확히 누구를 부르는 명칭인가. '영향력 있는' 존재는 동물인가, 아니면 동물 뒤에서 그 영향력 있는 계정을 만들고 운영하는 보호자인가. 아니면 펫과 인간은 한 몸, 한 팀인 것인가.

잘 보고 있는 펫플루언서 계정에 난데없이 반려견 용품을 공동 구매한다는 공지가 올라올 때가 왕왕 있다. 그때 느끼는 구독자의 감정이 배신감이 아니라고는 하기 어렵다. 언제나 이 자본주의 사회에서 핵심어는 결국 '수익 창출'이다. 온라인에서 흔히 마주치는 유명한 펫플루언서 다수가 광고나 협찬, 또는 공동 구매를 통해 수익을 얻는 것이 사실이다. 이를 어떻게 바라봐야 하는지 여전히 어렵기만 하다.

따지고 보면 이런 문제에서 나 역시 자유롭지 않다. 처음에 내가 루돌이와 함께 사는 이야기를 매체에 쓰려고 한다는 걸 알았을 때 B와 C 모두 단호한 반대 의사를 전했다. 원래부터 반려견을 입양하고 싶어 했던 것은 전적으로 그들이었고 적극적으로 알아보고 추진한 것도 그들이었기에 이런 반응이 의외로 느껴졌다. 그들은 동물을 상업적으로 이용하는 것은 안 된다고 말했다. 아, 분명코 일리가 있었다. 나는 항변했다.

"루돌이 얘기가 아니라 내 얘기라고. 주인공은 엄연히 나야."

그들은 미심쩍은 눈빛으로 겨우 동의했다. 그러나 여전히 헷갈린다. 지금 내가 이 글을 쓰는 것은 반려동물을 통한, 혹은 이용한 '상업적' 활동인가? 물론 아닌 것은 아니다. 필연적으로 인세가 발생하니까. 루돌이가 통장을 개설할 리 없으니 인세는 내 명의의 통장에 들어올 것이다.

이쯤에서 MBTI 파워 N의 상상은 꼬리에 꼬리를 물기 시작한다. 혹시라도 루돌이가 '초인기견'이 되어 녀석의 얼굴을 넣은 이모티콘을 출시하자는 제안이라도 오면 어쩌지? 혹시, 혹시라도 루돌이가 없어서 못 먹는 대식견이라는 얘기를 읽고서 간식 업체에서 광고 모델 제안이라도 들어온다면 또 어쩌지? 상업적인 이용을 지양하기로 아이들과 약속했으니 어떤 제안도 한사코 사양할 것이다. 아니다. 잘 모아 모아 우리 루돌이를 데려온 보호소의 동물들을 돕는 데 사용하는 게 더 값지지 않을까. 일어나지도 않은 일, 일어날 리도 없는 일을 해결할 생각에 괜히 머리가 지끈거렸다. 그 유명한 "떡 줄 사람은 생각도 안 하는데 김칫국 마시기"다. A가 한술 더 떴다.

"재단을 만들면 어때?"

네, 뭐라고요?

"루돌이 이야기로 수익이 생기면 아예 재단을 만드는 거야. 전국의 동물 보호소에 필요한 시설을 개선하고, 필요 물품을 전수 조사하고."

네, 뭐라고요?

"시골 개들 중성화 사업도 해야 되는데. 아, 학대견 방치견 구조 사업도."

갑자기 피가 뜨거워진다. 원대한 이상에 발끝이라도

다가가기 위해서는 무엇부터 해야 할까? 먼저 오늘의 마감을 막는 일이 급선무다. 얼른 책상 앞에 앉자!

★
앙뇽, 나눈 루돌이얌

 동물을 사랑하는 사람들은 SNS에 다 모여 있는 것 같다. 유기견과 학대견, 방치견을 구조하여 입양 보내는 많은 단체와 개인이 SNS로 소식을 전하고 나눈다. 루돌이를 처음 본 것도 봉사자와 입양 상담을 한 것도 모두 SNS를 통해서였다. B와 C가 유기견 입양의 희망을 키워온 것도 마찬가지였다. 그들은 동물의 인스타그램 계정을 여럿 구독하고 있었다. 동물이 직접 타이핑을 할 수는 없으니 그 뒤에는 사람이 있을 터였다. 이를테면 소설의 화자 역할인 셈.

 루돌이가 오고 난 뒤 루돌이 이름의 계정을 만들자고

조르는 그들의 마음은 이해할 만했다. 루돌이의 귀여움을 만방에 자랑하고 싶은 욕망과 더불어 합법적으로 인스타그램 사용 시간을 늘리고 싶은 욕망이 혼재할 것이다. 나는 또 한 번 갈등 상황에 놓였다. 그들은 태어날 때부터 스마트폰이 있는 세상을 살았다. 두 살 때인가는 내 휴대폰의 잠금 해제 패턴을 아무렇지도 않게 푸는 모습을 보고 입이 딱 벌어졌다. 이런 시대의 보호자로서 나는 늘 디지털 기기와 가정 교육의 관계에 대해 고심해왔다. 그 과정에서 수많은 우여곡절이 있었다. 점점 커가면서 제한을 두기가 어렵다고 느꼈다. 그들은 어차피 이런 시대를 살아가야 했다. 무조건적인 제약보다 스스로 잘 통제하는 방법을 알아가도록 돕는 게 맞지 않나 생각하던 차였다.

각기 다른 곳으로 먼저 입양되어 간 루돌이 형제들의 인스타그램 계정은 이미 만들어져 있었다. 비슷한 시기에 입양되어 전국 곳곳으로 떠난 개들의 소식도 인스타그램을 통해 알 수 있었다. 대세에 따르지 않기란 꽤 힘든 일이었다. 아이들이 루돌이의 계정을 만들고 가꾸는 일을 허락했다. 그렇게 루돌이가 화자인 인스타그램 계정이 탄생했다. B와 C는 정성껏 프로필 사진을 고르고 인사 문구를 썼다.

    앙뇽, 나눈 루돌이얌.

설마 이 문장을 내가 썼다고 생각하는 사람은 없겠지. 과연 SNS는 '사회적 관계망 서비스(Social Network Service)'의 줄임말이었다. 새로운 인스타그램 계정을 하나 만들었을 뿐인데 갑자기 특별한 관계망의 깊은 안쪽에 훅 던져진 듯한 느낌이었다. 루돌이를 데려온 동물 보호소의 공식 계정과 자원봉사자들이 운영하는 홍보 계정을 팔로한 것이 시작이었다. 같은 보호소 출신들, 그러니까 루돌이의 동향 선배와 친구들로 추정되는 '댕댕이'들의 팔로가 이어졌다.

    ↳ 루돌아, 반가워. 너 참 귀엽구나. 나랑 친구 하자.
    ↳ 몽몽아. 너도 너무 멋지다. 친하게 지내자공.

1인칭 화자(화견) 루돌이와 몽몽이의 대화가 댓글로 이어졌다. 물론 그 뒤에는 인간이 있었다. 루돌이 뒤에 우리 집 소녀들이 있듯이 몽몽이 뒤에도 그럴 것이다. 상상해보면 사랑스러운 일이었다. 무엇보다 반가운 '인친'은 루돌이의 동배 남매들이었다. 루돌이는 2남 1녀로 구성된 3남매로 발견되었다. 다른 두 아이는 루돌이보다 며칠 앞서 입양을 갔다. 그것이 우리가 서둘러 녀석을 데려온 계기이기도 했다.

"아이를 혼자 남겨둘 수는 없잖아!"

다른 두 아이는 각각 다른 도시의 보호자에게 입양되었다. 만약 길에서 우연히 만났다 해도 견주끼리 서로 짐작도 못 하고 지나쳤겠다 싶을 만큼 루돌이와는 완전히 다른 외양이었다. 여자아이는 갈색 바둑이로 루돌이 체중의 3분의 1이나 될까 싶은 가녀린 모습이었고, 또 다른 남자아이는 복슬복슬한 크림색 털에 둥글둥글 귀여운 인상이었다. 보호소 시절 아기 강아지 셋이 어미 곁에 옹기종기 모인 사진을 보면 루돌이가 워낙 압도적으로 커서 마치 어린이집 세 살 반에 일곱 살 형님이 끼어 있는 것처럼 보였다. 그런데 이제 SNS를 통해 그 애들의 근황을 실시간으로 알 수 있게 되었다.

아이들은 모두 새 가족의 사랑을 받으며 행복하게 살고 있었다. 그들의 계정에 내가 직접 반갑다는 댓글을 남겼다. 그쪽 보호자도 루돌이의 존재를 잘 알았다. 그동안 보호소 계정을 팔로하며. 두 형제가 떠나고 프림이 혼자 남았다가 입양처가 정해지고 마침내 서울까지 온 사연에 대해서도. 특별하고 애틋한 인연이었다.

그들은 길 위에서 태어난 생명이었다. 들과 산에 숨어 쫓기며 살아가다가 인간에게 포획되어 보호소 철창에서 지내던 꼬물이들이 어떤 신기한 인연으로 우리와 만나 가족이라는 이름으로 같이 살게 되었다. 루돌이의 형제가 사는 낯선 도시의 이름이 친근하게 느껴졌고, 언젠가 한데 모여 가족 상봉을 하게 될 날이 오면 좋겠다고 상상했다. 그날이 오면 개들은 서로를 알아볼까. 댓글로 대화를 나누다 보니 3남매는 생김새는 제각각인 데 반해 성정이 유난히 예민한 편이라는 공통점이 있었다. 개에게는 생후 3개월까지의 경험이 무척 중요하다는 사정을 고려

하면 그럴 만도 했다. 우리가 영원히 알 수 없을 그 생후 3개월까지의 시간이 떠올라 마음이 무거워졌다.

그러나 역시 SNS에 영원한 안전지대는 없었다. 소소하고 다정하게 꾸려가던 루돌이의 계정도 마찬가지였다.

★
루돌이 엄마

 루돌이의 계정으로 DM이 자꾸 오는데 뭔가 좀 이상하다고 했다. 어떤 외국 남성이 개를 빌미로 자꾸 대화를 요청한다는 거였다. 살펴보니 남자의 피드에 개와 고양이 사진이 몇 장 있기는 했다. 그러나 동물들의 종류가 다 다르고 사진 배경도 일관성이 없었다. 실제 찍은 이미지가 아니라는 느낌이 강하게 들었다.

 안녕하세요. 좋은 아침입니다. 당신의 개는 매우 예쁩니다. 거기 당신은 누구입니까?

번역기를 돌린 모양인데 만약 한국어 실력을 배양할 의도라면 구태여 개의 계정에 말을 걸지는 않을 듯했다. 뒤통수를 맞은 느낌이었다. 동물 이름의 계정 뒤엔 당연히 자신의 동물을 자랑하고 싶은 보호자가 존재하리라는 믿음은 얼마나 순진한가? 그것도 모르고 나는 10대 아이들에게 서술 화자 역할을 허용했다. 이후 내 인스타그램에도 루돌이의 계정을 로그인해두고 공동 관리에 들어갔다.

타임라인에는 오직 두 종류의 개들이 존재하는 것 같았다. 행복한 개 vs 불행한 개. 이렇게 말할 수도 있었다. 보호자가 있는 개 vs 보호자가 없는 개. '불행한 개 = 보호자가 없는 개'는 아니었다. 보호자가 있지만 불행한 개도 적잖았다. 보호자라는 이름의 인간에게 학대받거나 방치된 개들이었다. 보호자가 없는 개는 예외 없이 불행했다. 단순히 '집 없는 개'가 모인 곳 정도로 인식하고 있던 유기 동물 보호소의 현실도 알게 되었다. 한번 수용된 동물은 웬만해선 다시 나오기 힘든 혹독한 현실과 안락사라는 이상한 이름의 죽음에 대해서도. 알면 알수록 내가 정말 동물권에 대해 기본적인 것조차 모르고 있었구나 싶어 아득했다.

소설가로서 나는 미국 드라마 〈위기의 주부들〉의 대사를 현대적 인생의 대체적인 진리라고 생각해왔다. '누구나 더러운 빨랫감을 조금씩은 가지고 있다(Everyone has a little dirty laundry).' 이는 개인만 아니라 한 사회를 주어로 했을 때도 다르지 않았다. 이 사회의 어떤 분야든 구조적 문제를 가지고 있음에도 우리는 그저 '내가 모르는 것은 존재하지 않는 것'이라는 태도로 살아간다. 루돌이가 아니었으면 나 역시 '보호받지 못하는 동물의 세계'와 그 세계를 둘러싼 여러 일에 대해 인지할 생각도 하지 못하고 살았을 것이다. 내가 사는 데에 아무 지장이 없으므로 계속 모르는 채 평온히 살았을 것이다. 어렴풋이 눈을 뜬 이상 몰랐던 이전으로는 돌아갈 수 없었다.

내 타임라인에 유기견을 돕고 임보처와 입양처를 찾는 계정만 뜨는 것은 아니었다. 알고리즘은 나를 품종견을 분양받아 애지중지 키우는 사람들의 피드에도 데려갔고, 수만 명의 팔로를 보유한 개 인플루언서 계정에도 데려갔다. 품종견의 품종을 '자랑'(아무리 생각해봐도 대체어를 못 찾았다)하고 그 사랑스러움을 칭송하는 사람도 많았다. 뜬장에 갇혀 산 채로 죽어가는 개, 몸에 큰 상처를 입은 상태로 굶주리며 떠도는 개. 혼란스러웠다. 어떤 동물에게도 죄는 없었다.

내 깊은 무의식 속에 실체를 정확히 설명하기 힘든 어떤 근원적인 두려움이 있음을 받아들여야 했다. 얼마 후 그것이 무엇인지 깨닫는 날이 왔다.

루돌이가 지내던 보호소에 '안락사 공지'가 떴다. 보호소의 개체 수가 너무나 많아져 견사가 부족해졌다고 했다. 아무 잘못 없이 오랫동안 갇혀 있다가 죽음을 맞을 생명들의 명단이었다. 어떤 개는 포함되지 않고 어떤 개는 포함되었다. 잊지 못하고 있던 이름을 거기서 발견했다.

루돌이의 모견 유니(가명)였다.

반려견의 구강 상피 세포를 채취, 분석하여 유전적으로 어떤 혈통들이 섞였는지를 알려준다는 업체의 광고를 본 적이 있다. 당연히 루돌이도 한번 하는 생각이 들었다.

그러나 루돌이를 낳은 개의 생김새에 대해 우리는 이미 알고 있었다. 루돌이는 애초에 길에서 어미와 형제들과 함께 잡혀 왔다. 형제들은 각각 새집에서 새 이름으로 살고 있지만, 어미는 아직 그대로 보호소에 남아 있었다.

보호소의 오랜 자원봉사자를 통해 자세한 사정을 들을 수 있었다. 나는 항상 루돌이의 시점에서 이 서사의 구조를 파악해왔다. 그건 '어린 개의 모험'이라는 제목이 어울리는 동화였다. 하지만 어미를 화자로 하면 전혀 다른 이야기가 됐다. 현재 진행형의 비극이었다. 전남의 한 마을에서 포획되어 보호소에 들어왔을 때 그는 한 살이 채 넘을까 말까 한 어린 개였다. 그런데 혼자가 아니었다. 새끼 세 마리를 데리고 있었다. 말 그대로 아기들이었다. 아기들 때문에 멀리 도망치지 못하고 포획됐을 터였다.

그는 희고 깡마른 개였다. 초겨울, 보호소에서 꼬물이 셋을 품고 지냈다. 전국적으로 기온이 급강하했다. 만약 그대로 바깥에 있었다면 얼어 죽었을지도 몰랐다. 이들 가족을 눈여겨본 이가 있었고, 동사를 막으려는 마음에 신고를 했다는 상상도 해봄 직했다. 보호소 초기에 유니는 비교적 평범한 개였다고 한다. 사람에게 친밀하게 다가들지 않아도 손길을 거부하지는 않았다. 그렇게 몇 주가 지나갔다. 아기 강아지들은 성견에 비해 상대적으로 입양이 수월하다. 자원봉사자들의 집중적인 홍보에 힘입어 유니의 새끼 세 마리는 차례로 새 가족을 만났다. 새집을 향해 멀리 떠났다. 운이 좋은 강아지들이었다. 동배에서 나온 형제 세 마리가 모두 임시 보호의 과정을 거치지도 않고 별다른 곡절이나 사건 없이 곧바로 멀쩡하게 입양을 가는 경우가 흔치 않다는 걸 이제 나도 안다.

어미 혼자 남았다. 아기들과 함께 쓰던 모자동실의 견사를 떠나 일반 견사로 들어갔다. 그러자마자 갑자기 목이 쉬도록 짖어대기 시작했다고, 그랬다고 했다. 사라져버린 새끼들을 찾는다고 사람들은 짐작했다. 짐작일 뿐 그의 속은 아무도 모른다. 유니는 집에서 키우던 개는 아니었을 것이다. 떠돌던 개에 의해 길에서 태어났을 테고, 길에서 자라다 새끼를 배어 루돌이와 형제들을 낳았을 것이다. 산자락 아래의 마을에서 들개로 사는 일은 녹록지 않았을 것이다. 나 따위의 인간이 상상할 수 있는 영역이 아니다. 몸집이 작은 어린 암컷으로 사는 건 더욱.

  어떻게 혼자 출산하고 새끼들을 지켰을까. 신고-포획-보호소 입소에 이르는 일련의 과정을 어떤 공포 속에서 거쳤을까. 입양 초반 루돌이가 보인 폐쇄적인 모습으로 짐작건대 많이 힘들었을 거라고 유추할 수 있다. 그는 보호소 철창 안에 갇히고, 새끼들을 빼앗기고, 홀로 남았다. 연명할 만큼의 규칙적인 사료가 보급되었다. 적어도 굶어 죽거나 내일의 먹이를 얻을 걱정은 하지 않아도 되었다. 들개의 삶과 유기견 보호소의 삶. 뭐가 더 나은지 내가 감히 단정할 수 없다. 태어난 이래 한 번도 완전히 마음을 놓아보지 못했으리라는 짐작만이 사실에 가까워 보였다.

  원해서 태어난 사람이 없듯 원해서 태어난 동물도 없다. 잘못이라고는 한 톨도 저지른 적 없는 생명의 끝이 '안락사'라니. 안락한 죽음이란 것이 어떻게 현실에 존재할 수 있을까. 이제라도 방법을 강구해야 했다. 죽음이 예정된 개들이 닥쳐오는 일을 피할 방법은 한 가지뿐이다. 보호소를 나오는 것. 누군가 그 개에 대한 책임을 지고 안락사 시행 전에 보호소 밖으로 데리고 나와야 한다. 영구적인 보호자는 아닐지라도, 영구 보호자가 나타날 때까지 그 역할을 맡으면 되었다. 임시 보호라고 불리는 중요한 역할이었다. 유니만이 아니었다. 안락사 명단의 개들에게는 모두 각자의 이야기가 있었다. 사연을 하나하나 읽어 내려갈 때마다 가슴에 무거운 추를 하나씩 새로 매다는 것 같았다.

기적처럼 임보자가 나타났다.

★
개를 찾습니다

 상황이 허락하는 몇 개월간 자신의 공간을 나눠 주겠다는 큰 결심을 한 분이었다. 우리 가족이 구조자 역할을 맡기로 했다. 유니는 구조자와 임보자가 있는 개가 되어 보호소를 나왔다. 안락사를 피했다.(당시 안락사 명단에 올랐던 모든 개가 구조되었다. 자원봉사자들의 엄청난 노력 덕분이었다.)

 그 봄은 유난히 천천히 지나갔다. 그동안 유니는 중성화 수술을 마쳤다. 첫 임보처에서 안전하고 따뜻하게 지냈다. 그러나 안타깝게도 더 이상 인간을 향한 마음의 문은 열지 않았다. 사람이 보지 않는 데서만 밥을 먹고 사람의 손길이 닿는 것을 힘들어한다고 했다. 병원 진료 등으로 꼭 외출해야 할 때도 강하게 저항했다. 무서워서 그랬을 것이다.

몇 달 뒤 다음 임보처로 옮겼을 때 이제는 좀 더 적극적인 훈련을 받기로 결정했다. 훈련사가 일주일에 한 번씩 방문하여 산책 교육을 하기로 한 첫날, 개는 이빨로 리드 줄을 끊고 도망쳤다. 내게 소식이 전해진 것은 일요일 늦은 오후와 저녁 사이의 시간이었다. 급한 대로 루돌이를 차에 실었다. 아무것도 모르는 루돌이는 가족들과 나들이를 가는 줄 아는지 신나서 뒷자리에 올라탔다. 거기까지 가는 동안 입에 침이 바짝바짝 말랐다.

유니가 도망칠 때 함께 있던 훈련사, 임보자 가족, 우리 가족이 구역을 나누어 수색을 벌였다. 나는 루돌이와 근처 골목들을 뒤지면서 목격자를 찾았다. 나와 루돌이가 하나의 목적을 가지고 걸어본 적이 있던가. 우리는 평소에도 매일 같이 걷지만 산책을 위해서가 아닌 다른 이유가 있는 여정은 그 밤이 처음이었다. 그 밤 우리는 모르는 골목들을 샅샅이 뒤졌다. 나는 비로소 "이 잡듯 뒤진다"

라는 표현을 이해하게 되었다.

서울 서쪽의 동네였다. 주택가 골목들 옆에 작은 공장 단지가 있었고 조금만 걸으면 대로에 음식점과 술집이 늘어선 번화가가 나왔다. 거기서 조금만 더 가면 산과 고속도로가 있었다. 반대쪽으로는 대형 공원이 있으며 대규모 아파트 단지도 멀지 않은 위치였다. 초행인 동네였지만 언젠가 와본 적 있는 듯 익숙한 느낌이었다. 거미줄처럼 얽힌 서울의 평범한 한 부분이기 때문이었다. 하지만 유니는 이 도시 태생이 아니다. 그가 태어나 살았던 곳은 험준하기로 유명한 지리산 언저리였다. 숲과 민가 근처를 오가며 살아남았을 터였다. 서울로 임보를 와서도 병원 진료 말고는 집 밖에 나가본 적이 없었다. 여기가 어딘 줄 알고 그렇게 냅다 달아났을까. 그 작은 한 몸 숨길 곳이 어디 있다고. 수십 수백 갈래로 뻗은 길 위에서 탄식했다.

"루돌아, 엄마를 발견해줘. 엄마를 찾아줘."

절박하게 중얼거렸다. 내 절박함을 루돌이는 알아챘을까. 공원 쪽으로 찾으러 간 사람들이 어두운 표정을 지으며 돌아왔다. 해가 지자 사방이 금방 깜깜해졌고, 워낙 지형이 넓어서 어디 숨어 있어도 찾기 어렵다고 했다. 언덕을 넘어 고속도로로 이어지는 길을 따라 정처없이 갔을지도 모른다는 추측이 나왔다. 그러면 다른 도시로 갈 수도 있었다. 예상해보지 못한 전개였다.

반대로 집 부근을 멀리 벗어나지 못했을 거라는 덜 부정적인 의견도 나왔다. 유니는 근처 지형을 전혀 모르고 어릴 때부터 사람을 피해 숨는 일에 익숙한 개이니 근방의 좁고 후미진 공간에 웅크려 몸을 숨기고 있을 가능성이 높다는 것.

배가 고파지면 먹이를 찾아 나올 수 있으니 근처에 몇 군데 자리를 골라 밥과 물을 놓아두기로 했다. 집 앞에 가스 화구를 가져다 놓고 밤마다 삼겹살을 굽자는 의견까지 나왔다. 그 밤 결국 개는 어디서도 발견되지 않았다.

전단지를 만들었다. 여기저기 뿌리고, 곳곳에 붙였다. 전단지를 붙이기 위해 다음 날 다시 그곳에 갔다. 아이를 찾으면 직접 떼겠다는 문구도 넣었다. 서울 시내에 장마가 북상했다. 갑자기 많은 비가 쏟아졌다. 집을 떠난 개는 어디서 이 비를 다 맞고 있으려는지. 비 내리는 창가에 서서 나는 루돌이의 목덜미를 오래 쓰다듬었다.

장마가 계속되는 한가운데 유니의 생사는 오리무중이었다. 봤다는 사람조차 없었다. 어쩌다 목격담이 있었지만 다 다른 개였다. 세상엔 집 없이 떠도는 흰 개가 아주 많았고, 누렁 개도 검은 개도 얼룩 개도 많았다. 유니가 어딘가 산속으로 들어가 숨었으리라는 가설이 점차 설득력을 얻었다. 원래 산에서 살던 개이니 다시 비슷한 자연조건을 찾아간 게 아니냐고, 어쩌면 인간이 못 찾도록 깊숙이 들어가지 않았겠느냐고 하는 지인들도 있었다. 야생의 환경에서 살았던 개이니 충분히 자생하리라는 그런 말들 앞에서 나는 형용하기 힘든 심정이 되었다. 애당초 어떻게든 살리고 싶다는 마음, 조금이라도 잘 살게 하고 싶다는 마음으로 여기까지 왔는데 그게 다 무슨 소용이냐는 것 같았다.

마음을 다잡았다. 그래도 포기할 수는 없었다. 사례금을 올리기로 했다. 전단지를 대량 더 찍고 수색 범위를 이웃 행정구까지 넓히기로 결정했다. 인쇄소 사장님은 개를 찾는다는 말에 대번 "저런"이라고 했다.

"우리도 개 잃어버린 적 있었는데 찾았어요. 꼭 찾으실 거예요."

그런 작은 희망의 말들만이 위로가 되었다. 새 전단지 인쇄를 맡긴 바로 그 밤. 제보 전화가 왔다. 새벽에 유니를 본 것 같다는 내용이었다. 처음에 도망친 자리에서 불과 몇백 미터도 안 되는 거리의 초등학교였다. 유니는 여름방학이라 빈 학교 건물에 들어가 숨어 지내고 있었다. 그렇게 유니는 집으로 다시 돌아왔다.

여름이 가고 가을이 왔다. 유니는 다시 임보처를 옮겼다. 그리고 얼마의 시간이 지난 뒤 임시 보호로 머물던 집에 정식 입양되었다. 유니 때문에 오랫동안 노심초사해온 자원봉사자가 보호소의 SNS에 개의 사진과 함께 입양 확정이라는 글을 올렸다. 보자마자 눈물이 펑펑 났다. 정말 감사하다는 말 말고는 어떤 말도 할 수 없었다. 유니를 오래 지켜보며 마음을 모아준 사람들, 안락사 공고부터 임보, 실종의 그 길고 막막하고 불확실한 시간을 함께 지내준 분들 하나하나를 향한 인사였다.

┗ 그때 구해서 이런 날이 오네요.

 봉사자의 댓글을 읽으며 눈물을 닦았다. 이제 유니는 '영원히 보호자가 있는 집 개'가 되었다. 새끼들과 함께 잡혀 보호소에 있다가, 아가들을 멀리 떠나보내고 갇혀 살다가, 안락사 대상이 되었다가, 임보처 몇 군데를 옮겨 다니다가, 목줄을 이빨로 끊고 도망갔다가 되돌아온, 채 세 살도 되지 않은 나이에 깊은 고난을 겪어낸 작은 개. 아무의 눈에도 띄지 않고 특별할 게 하나도 없는 시골 개. 너무 예쁜 새까만 눈망울을 가진 개. 진정으로 행복할 자격이 있는 그 개.
 가끔 SNS에 유니의 일상 사진이 올라온다. 놀라운 소식들뿐이다. 보호자의 다리에 꼭 기대고 누운 사진도, 유유히 산책하는 사진도 보았다. 언제까지고 나는 그의 새 사진에 재빨리 빨강 하트를 누르는 사람이 될 것이다.

★
비포/애프터

 루돌이의 법적 보호자는 나다. 동물 등록증상의 견주가 내 이름으로 되어 있다. 의도한 바는 아니다. 루돌이가 견생 최초로 동물병원에 갔을 때 내가 데스크에 가장 근접한 위치에 서 있어 우물쭈물 그렇게 되어버렸다. 세상의 많은 중요한 일이 그런 식으로 결정된다.

 나는 이 세계에서 벌어지는 현상에는 외적 형식과 내적 진실이 따로이며 서류의 명의 같은 건 별로 중요치 않다고 생각하는 편이다.(몇 번 봉변을 당했음에도 여전히 잘 고쳐지지 않는다.) 루돌이에 대해서도 명의와 상관없이 실제 보호자가 나일 리 없다고 믿었다. 내 바람이기도 했다.

강아지를 키우기로 되었을 때부터, 즉 내 힘으로 거스르기 힘들다는 걸 수긍했을 때부터 내가 원한 건 단 하나였다. 주 보호자가 되지 않는 것. 나는 한 생명에 대한 책임과 의무를 등에 짊어지고 싶지 않았고, 강아지를 위한 세세한 일상의 돌봄 전부가 내 몫이 되기를 원치 않았다.

반려견 돌보는 일을 왜 짐으로 여기느냐고, 사랑과 기쁨으로 즐겁게 받아들이라고 충고하는 이가 있다면 돌봄 노동에 대해 뭘 잘 모르는 분이다. 가정 내 돌봄 노동은 육아, 간병 등 다양한 영역에서 이루어진다. 가족 구성원을 돌보기 위해 다른 구성원의 삶을 전적으로 바치게 되는 경우가 많고 그 과정에서 필연적으로 소외 현상이 일어난다. 보호자는 고립감과 억울함, 인내심과 아득함 같은 감정을 경험한다. 그런 감정에 대해서라면 나도 알 만큼 알았다. 이제 1차적인 돌봄 노동의 의무에서 어느 만큼 놓여났다는 실감이 들던 그 시점 내 삶에 어린 개가 나타났다.

자녀가 몰래 데려온 반려동물을 결국 어머니가 전담해 돌보게 됐다는 내용의 도시 전설은 얼마나 흔한가. 그들은 내심 아니, 우리 엄마가 설마 어쩌겠어, 얘를 갖다 버리겠어라고 믿는다. 엄마가 화를 내봐야 어차피 며칠이고, 어차피 반려동물에게 흠뻑 빠지게 되어 있다는 클리셰, 그 전제에는 모성 신화가 있을 것이다. 어머니는 원래 세상의 모든 가련한 존재를 품어주는 이름이라는 믿음 말이다.

SNS에는 '강아지 입양하면 집 나갈 거라던 엄마, 지금은?' 같은 제목의 비포/애프터 영상이 자주 뜬다. 애프터 영상 속의 중년 여성은 강아지를 꼭 끌어안고 행복하게 웃고 있다. '이젠 진짜 딸보다 개 아들이 더 소중하다는 울 엄마' 유의 자막에 나는 번번이 눈살을 찌푸렸다.

그러던 나에게 대반전이 일어났다. '개의 명의 따위 뭐가 중요해?'라던 입장이 '저 개는 공식적으로도 내 거야!'로 바뀌었다. 자연스러운 변화였다. 역시 뻔하기 짝이 없는 시중의 각본에서 한 치도 자유롭지 못한 인생이다.

루돌이 입양 2년 6개월여, 나는 어느새 루돌이의 실질적인 주 보호자 역할을 담당하고 있다. 스르륵 그렇게 됐다. 사랑의 힘이냐고 묻는다면 긴 주석을 붙여야겠지만,

결론적으로 아니라고는 못 하겠다.

돌봄 노동은 지속적 노동이다. 티가 나지 않는 일을 아무도 안 보는 곳에서 매일매일 성실하게 해야 한다. 그러다 조금만 소홀해져도 확 티가 난다. 하나하나 신경 써서 돌보지 않으면 연약한 동물은 금세 불쌍해지고 만다. 그런데 내가 하지 않으면 아무도 하지 않으니 내 몸을 움직인다. 녀석을 사랑하게 되었으므로 안쓰러워서. 그냥 두고 볼 수 없어서.

때때로 루돌이는 나를 진짜 '엄마'라고 믿는 것 같은 행동을 보인다. 일반적으로 엄마가 아이를 위해 하는 여러 일을 내가 자기를 위해 한다는 사실을 인지하는 듯도 하다. 물론 전적으로 나의 주장이다. 이에 대한 다른 구성원들의 의견은 다르다. 다들 루돌이의 실질적 보호자는 내심 자신이라고 믿는 눈치다. 그런 말을 들으면 최초의 다짐은 어디로 갔는지 나는 빽 소리를 지르고 만다.

"루돌이는 내 거라고! 공식 서류가 증명하잖아!"

실체 없는 다툼이다. 실제로 루돌이의 '최애'가 누구인지는 아무도 모른다. 그 사랑을 저울에 올려놓을 수 없다는 것도 안다. 루돌이는 하나의 개체. 누군가의 '것'일 수 없는 존재. 하물며 부질없는 명의 따위야 아무려면.

★
영원히 아기

루돌이를 부른다.

"엄마한테 와!"

루돌이를 키우기 전에 반려동물을 향해 스스로 '엄마'라고 칭하는 사람들을 살짝 의아한 시선으로 보았다. 내가 이해하고 말고의 문제가 아님을 알기에 내색하지는 않았으나 심리적 저항감이 없지 않았다. '엄마'를 특별히 숭고한 단어라고 추앙해서는 아니다. 동물에게 혈육 관계의 친연성을 스스럼없이 적용하는 것이 불경스럽다고 인식해서도 당연히 아니다. 나의 의아함은 '뭘 저렇게까지'의 관점에서 왔다. 말도 통하지 않고 일방적으로 인간의 수고와 희생을 필요로 하는 작은 털 뭉치와의 관계에 뭘 저렇게까지 싶었다. 한편 많은 견주가 왜 성견이 된 개를 여전히 '우리 강아지'라고 부르고 한술 더 떠 '영원한 우리 아기' 취급하는지도 궁금했다.

어떤 몰이해는 경험의 결핍에서 나온다. 이제는 안다. 개를 유사 자녀처럼 대하고 노견을 여전히 아기로 부르는 건 다른 종에 대한 인간의 가스라이팅(!) 욕구 때문이 아니었다. 그만큼 '개인적으로 소중한' 존재라는 의미, 또 그 개에게 어떻게든 자신이 최선을 다하겠다는 일종의 다짐이자 은유 같은 것이었다. 실전 한국어에서 '새끼'가 싸움을 부르는 욕설 외의 의미로 쓰이는 경우는 '나의'라는 소유격이 앞에 붙을 때뿐이다. '내 새끼'는 아무리 힘들어도 혼자 두고 가버릴 수 없는 존재, 나로 하여금 기어이 힘을 내어 살아야겠다고 마음먹게 해주는 존재를 부르는 호명일지도 모른다.

그리고 일방적이라니 당치도 않다. 반려견은 인간에게 일방적인 수고와 희생을 바라지 않는다. 솔직히 말하자면 내가 루돌이에게 주는 것은 내가 받은 것의 고작 일부에 지나지 않는다. 녀석이 넓은 공간을 다 놔두고서 내 무릎에 제 궁둥이를 꼭 붙이고 앉을 때, 고작 몇 시간 떨어졌을 뿐인데 집에 들어서는 나를 반기며 트리플 공중제비를 돌 때, 칠흑처럼 까만 눈동자로 내 얼굴을 골똘히 쳐다보며 고개를 갸웃갸웃할 때 내 입에서는 저절로 "우리 아기"라는 말이 흘러나온다.

B와 C는 루돌이의 '누나'다. 누나들이 방에 모여 머리를 맞대고 무언가 속닥거리고 있으면 루돌이도 그 사이에 꼭 끼어든다. 셋은 사과도 나눠 먹고 고구마도 나눠 먹고 깔깔 웃음도 나눈다. 그 모습을 보면서 나는 까맣게 잊었던 오래전의 점사를 떠올린다. 10여 년 전 점을 보러 갔을 때 역술인이 이렇게 말했다.

"아이가 셋이겠네요. 2남 1녀."

"저는 딸만 둘인데요."

"막내로 아들 하나 더 있을 거예요."

그의 목소리는 무척 자신만만했다. 그럴 리 없다며 웃고 넘겼는데 과연 용한 분이었던가!

한국의 일반적인 부모 자녀 관계에는 더 담백하고 객

관적인 거리가 필요하다고 믿은 적이 있다. 자녀로서의 나는 그러지 못했지만 부모로서의 나는 그렇게 하겠다고 제법 야무지게 결심도 했다. 그 결심을 돌이켜보며 지금의 나는 허허 웃는다. 부끄러워서 웃고, 속상해서 웃고, 울 수는 없으니 웃는다. 자식을 키우는 일만큼 내 마음과 의지대로 안 되는 일은 어디에도 없다. 아이들의 유년기까지는 결코 모르던 사실이다.

부모에게는 어린 인간을 잘 키워 온전한 사회적 존재로 만들어야 할 책임이 있다(고 여겨진다). 그러나 자식은 명백한 타인이다. 부모는 미성년인 자식에게 어떤 책임과 의무를 다해야 하지만 그것이 자식을 본인의 뜻대로 제어할 수 있다는 뜻은 아니다. 부모의 뜻을 자식이 따라주지도 않는다. 아이가 유년기와 결별을 고하고 청소년기의 깊은 골짜기에 당도하면 이제 부모는 그저 아슬아슬한 심정으로 지켜보고 기도하는 것 말고 할 수 있는 일이 많지 않다는 사실에 직면하게 된다. 뭐, 담백하고 객관적인 태도를 견지하겠다고? 다시 한번 눈물을 훔치며 허허 웃는다.

루돌이에게는 내 마음가짐이 좀 다르다. 루돌이를 향한 내 사랑은 확실히 덜 비장하다. 혹시 녀석의 태도 때문일까?

개는 아무것도 요구하지 않는다. 굳건한 바위처럼 변함이 없다. 한결같이 맹목적이고 충성스럽다. 그리고 절대적으로 나라는 존재를 믿어 의심치 않는다. 루돌이가 변함없는 믿음을 드러내는 방식 또한 언제나 일관적이다. 나를 발견하면 가장 빠른 속도로 달려온다. 꼬리를 흔들다 못해 엉덩이 전체를 흔들고, 내 발등에 몸을 비빈다. 팔짝팔짝 뛰어오르다 이내 몸을 뒤집어 배를 보여준다. 내가 쓰다듬으면 그것으로 되었다는 듯 눈을 꼭 감는다. 아무것도 계산하지 않고 섭섭해하지도 않고 머리도 굴리지 않는다.

이토록 순수한 사랑이 어디서 계속 샘솟는가. 우리의 호칭이 무엇이든 우리는 어떤 이유도 조건도 없이 서로를 마음껏 사랑하기만 하면 된다. 상대를 향한 어떤 의무도 없고 바라보는 방향이 달라서 오는 갈등도 없다.

청소년기 아이를 키우는 지인들의 메신저 프로필이 어

느새 슬며시 개나 고양이로 바뀌어 있는 것을 본다. 가만히 고개를 끄덕인다. 내 프로필은 진즉부터 루돌이다.

★
시티 도그

 그동안 나는 루돌이가 '분리불안'을 가진 개는 아니라고 생각해왔다. 근거는 없었다. 반려견의 분리불안에 대해 정확히는 몰라도 보호자에게 과한 애착을 느끼는 개가 홀로 남겨져 안절부절못하고 계속 짖는 등의 증상을 보인다는 정도는 알고 있었다. 루돌이는 그에 해당하지 않는 것 같았다. 집이 비면 그는 조금쯤은 자유로운 기분을 만끽하며 잠을 자는 줄 알았다. 물론 어디까지나 추측이었다. 이제 와 돌아보니 그랬으면 좋겠다는 나의 바람임을 부인하지 못하겠다.

 어느 날 몇 시간의 외출에서 돌아와 주차장에 차를 세

우고 내려섰는데 어디선가 개 짖는 소리가 환영처럼 들렸다. 환영이 아니었다. 그렇다기엔 꽤 크고 생생했다. 귀에 익은 소리, 바로 루돌이가 짖는 소리였다. 순간 오만가지 생각이 머릿속을 겹겹 에워쌌다. 도대체 언제부터 짖고 있었을까? 빈집에서, 저 녀석 혼자. 나는 비관적인 상상을 털어내려 애썼다. 혹시 내 차의 엔진음을 알아듣고서 반가움을 표현하는 중인지도 모른다. 그 전까지는 그저 조용히 쉬고 있었음이 틀림없다. 그래도 의심은 커져만 갔다.

"혹시 평소에 저희가 집에 없을 때 우리 개가 짖지 않나요?"

얼마 뒤 계단에서 만난 이웃에게 물었다. 평소 루돌이와 마주치면 주려고 가방에 육포를 넣어 다닐 만큼 개를 좋아하는 분이었다. 이웃은 바로 손사래를 쳤다.

"아유, 아니에요."

안심하긴 일렀다.

"개가 다 그렇죠, 뭘. 그 정도도 안 짖으면 개가 아니지. 세상에 그만큼도 안 짖는 애가 어딨다고요. 왜, 누가 뭐라고 해요?"

 당황스러운 반전이었다. 안 짖는 개가 어디 있느냐는 말은 곧 '얘는 짖는다'라는 뜻이었다. 나는 솔직하게 말해달라고 거듭 부탁했다. 그분의 말에 따르면 자주는 아니나 간혹 그럴 때가 있다고 했다. 아마도 옆집 사람이나 택배 기사가 오가는 발소리가 날 때인 것 같단다.

 그러고 보니 새로 이사 온 다른 이웃이 집 앞에서 만난 루돌이를 반가워하면서 "어, 너 이렇게 생긴 녀석이었구나" 하고 말을 걸어온 기억이 났다. 평소에 짖는 소리를 들었으니 그렇게 반응했던 거구나, 그제야 퍼즐이 맞았다. 어지러웠다. 반려동물 관찰용 홈캠을 설치할까 궁리했다. 그러나 근본적인 해결책은 되지 못할 듯싶었다. 바깥에 나가 있는 가족들이 일을 작파하고 종일 루돌이의 일거수일투족만 들여다보며 일희일비할 게 뻔했다.

 낯선 손님이 방문하면 크게 짖곤 하던 행동도 새삼 걱정이 되었다. 그전에는 사람들을 집에 불러 노는 일이 꽤 많은 편이었는데 루돌이가 온 뒤로는 자연스럽게 사라졌더랬다. 문제를 모르는 척하며 그냥 방치했다는 자책이

들었다. 미심쩍으면서도 귀찮고 두렵다는 이유로 진실과 대면하기를 회피하면서 차일피일 미룬 게 아닐까. 세상에 나쁜 개는 없다지만 나쁜 보호자, 무지몽매한 보호자는 있었다.

모르면 배운다는 정신에 입각하여 나는 '펫 유치원' '애견 유치원' '강아지 유치원'이라는 이름이 붙은 기관들을 검색하기 시작했다. 아이들 성적이 떨어지면 제일 먼저 학원을 알아보는 것과 비슷했다. 역시 나는 상투적인 학부모이며 상투적인 보호자였다. 진부한 인간이라는 뜻일 것이다. 하지만 오버는 금물. 나는 지금 '함께 살아가기' 위해 다양한 방식을 모색하는 중이라고 마음을 다잡았다.

개를 대상으로 하는 유치원은 맡아주는 데 중점을 두는 곳과 맡아주는 김에 사회성 훈련이나 산책 교육을 하는 곳 등으로 나눌 수 있었다. 나름대로 심혈을 기울여 몇 군데 후보지를 골랐다. 문의 전화를 돌려보기로 했다. 하지만 첫 번째 전화에서 아웃, 두 번째 전화에서도 아웃. 모두 문전박대도 아니고 유선박대를 당했다. 한 군데는 8킬로그램, 또 한 군데는 13킬로그램까지가 입학 마지노선이라고 했다. 세상에, 체중이 많이 나가서 입학 불가라는 얘기는 처음 들었다. 중대형견에 대한 차별에 익숙할 만큼 익숙해졌다고 생각했는데 아직도 모르는 분야가 남아있었다. 루돌이에게 선택권은 없었다. 대형견 클래스가 따로 설치된 곳은 동네에 하나뿐이었다. 다행히 예절 교육이 전문인 곳이었다. 단박에 전교 1등을 만들어준다는 학원의 과대광고에 혹하는 심정으로 달려갔다.

상담 결과 루돌이는 혼자 있을 때 고립감과 불안감을 느껴서 짖는 개는 아니라고 했다. 가족에 대한 충성심이 강하고 집을 무리(가족)의 영역이라고 강하게 믿어 밖에서 다른 사람들의 발소리만 들려도 위험한 상황이라고 인식하는 듯하다고 했다. 외부인에게 경고를 보내고 멀리 있는 동료들을 불러들이려는 의도이리라고. 루돌이의 관점에서 상황을 재해석하다 보니 진짜 문제는 다른 것인지도 모르겠다는 생각이 들었다. 루돌이는 개였다. 개는 오랜 시간 인간을 지키며 진화해왔다. 낯선 이가 다가오는 기척에 짖는 게 당연했다. 만약 우리가 서울 한복판의 공동 주택이 아닌 다른 곳(이를테면 인적이 드문 전원 마을의 개인 주택 같은 곳)에 거주하고 있었다면 루돌이의 이런 경계 태세가 유용했을 터였다.

일주일에 한 번씩 적절한 둔감화 교육과 사회성 교육을 병행하기로 했다. 외부인과의 정기적인 만남, 친구 개와의 지속적인 교류도 필요해 보였다. 도시 개로 사는 일은 도시인으로 사는 것처럼 어렵고 복잡하다. 마침내 등원 첫날 루돌이를 두고 나오는데 차마 발길이 떨어지지 않았다.

루돌이는 사회생활에 천천히 적응해가고 있다. 유치원 건물에 들어서는 발걸음이 이제 제법 위풍당당하고, 특별히 좋아하는 선생님이 마중을 나오면 흥분 상태로 뒤도 돌아보지 않고 쏙 따라 들어가버린다. 그럴 때 내 마음속에서 희미한 섭섭함과 안도감이 교차한다. 루돌이의 귀에 가닿게끔 나는 명랑하게 속삭인다.

"늦지 않게 올게. 사랑해."

★
한밤의 애도

주방 수납장 안쪽에서 밀폐 용기를 꺼내려다 멈칫했다. 플라스틱 재질의 뚜껑 한쪽이 너덜너덜해서다. 잇자국이 선연했다. 누가 낸 흔적인지는 말할 필요도 없다. 우리 집에서 물건을 집을 때 손 말고 다른 부위를 사용하는 존재는 하나뿐이다. 녀석이 언제 이랬을까? 아마도 내가 뚜껑을 집었다가 잠시 바닥에 떨어뜨렸던 한순간일 것이다. 루돌이는 틈을 놓치는 법이 없는 강아지니까. 뭘 어쩌려고 입에 덥석 물었느냐 하면 목적이라곤 없었을 것이다. 적어도 그의 목적이 파괴가 아니었음을 나는 분명히 안다.

루돌이는 뭐든 바닥에 떨어진 건 일단 입으로 가져가고 본다. 입에 문 다음엔 꼭 사람에게 보란 듯이 코앞으로 들고 와서 자랑하는 경향이 있다. 가장 자주 과시하는 물건은 볼펜이다. 작가의 개라서 그럴 리는 없겠으나 또 영 관련이 없지는 않을지도 모른다. 우리 집엔 펜 종류가 유난히 많으니까. 그중 한두 개쯤 개 장난감으로 쾌척해도 좋으련만 그러기 어렵다. 그 물건의 용도가 '쓰기'임을 개는 모르기 때문이다. 루돌이는 볼펜을 꽉 문 채 온 집 안을 돌아다니며 악의 없이 여기저기 벽과 이불에 쭉쭉 잉크 자국을 남긴다. 집 안 전체가 볼펜 자국으로 얼룩지기 전에 우리는 개를 쫓아 달린다. 그러면 개는 재미있는 일이 생긴 줄 알고 더 빨리 달아난다. 이리 뛰고 저리 뛰는 과정을 루돌이는 신나는 게임으로 인식하는 것 같기도 하다. 흘끗 뒤를 돌아보는 눈동자엔 활기와 장난기가 가득하다. 하루에도 몇 번씩 이런 야단법석이 벌어진다. 가만히 생각해보면 너무나 이상한 일이 아닌가? 개는 왜 자신에게 무용한 무목적의 물건을 사수하려고 저렇게까지 온 힘을 다할까. 언어가 통한다면 진지하게 물어보고 싶다.

"루돌아, 근데 그게 왜 그렇게까지 소중한 거야?"

뭔가를 물고만 있으면 양반이다. 가끔은 꿀꺽 삼켜버린다. 그러면 문제가 한층 심각해진다. 모르면 좋았을 텐데 살다 보면 어쩌자고 알게 되는 일들이 있다. 우리 동네에 반려동물을 위한 24시간 응급 동물병원이 있다는 것. 심야에 가면 당연히 높은 진료비를 내야 한다는 사실 또한.

루돌이의 첫 응급실 방문은 오일 파스텔을 삼켜서였다. 하필이면 내가 가장 좋아하는 밝은 청록색 파스텔이었다. 병원으로 급히 뛰어가긴 했지만 내심 큰일은 아닐 거라 믿었다. 믿고 싶었다. 내 주변엔 아이나 강아지를 키우다 응급실에 달려간 지인들의 사연이 차고 넘쳤다. 친구의 아들은 다섯 살 때 콧구멍에 집어넣은 지우개가 빠지지 않아 응급실에 갔다가 콧속에 넣은 게 '콩'이 아니라면 다음 날 외래로 오라는 이야기를 들었다. 콩은 안에서 불기 때문이란다. 우리가 응급실로 달려가는 대부분의 사안이 사실상 촌각을 다투는 게 아니라는 얘기를 익히 들어왔으니 이번에도 다르지 않으리라 다소 안이하게 생각했다.

반려동물 응급 센터의 수의사는 강아지가 삼킨 것이 정확하게 무엇인지 몇 번이나 확인했다.

"크레파스 같은 건데요. 그림 그리는 파스텔이요."

"정확히 어떤 제품인가요?"

나는 급히 검색해 루돌이가 삼킨 것과 같은 제품의 이미지를 찾았다.

"아이고."

알고 보니 그냥 파스텔이면 그나마 괜찮지만 공업 오일 성분이 함유된 제품이라서 문제의 소지가 있다고 했다. 지금은 일단 구토만이 답이라고 했다. 젊은 당직 수의사가 개를 처치실로 데리고 들어갔다. 얼마 후 그는 땀을 흘리며 나타났다. 겁보 루돌이가 항문낭이 터지고 오줌을 싸면서도 자기 몸에 손을 대지 못하게 했다. 의료진 여러 명이 달라붙어도 주사를 놓을 수 없었다. 겨우겨우 먹는 약을 복용시키고서야 상황이 일단락되었다. 곧 루돌이는 복도 바닥에 엄청난 양의 청록색 토사물을 남겼다. 누군가의 토사물을 보고 반가워해보기는 내 인생에 처음이었다.

가장 최근에 동물병원 응급실에 간 이유는 닭 뼈였다. 그날따라 나는 개 키우는 인간의 본분을 잠시 망각하고 뼈 있는 닭을 주문했다. 루돌이가 꽤 큼직한 닭뼈 하나를 입안으로 가져간 건 정말 순식간의 일이었다. 오독오독 야무지게 씹어 먹었는지 급한 김에 꿀꺽 삼켰는지 확인할 수는 없었다. 하지만 먹을 거라면 앞뒤 안 가리는 녀석의 성향으로 미뤄볼 때 전자는 아니었다. 차례를 기다리고 있을 때 한 남자가 헐레벌떡 뛰어 들어왔다.

"개가 숨을 쉬지 않아요."

한 마디 한 마디 힘을 짜내고 있다는 걸 저절로 알 수 있었다. 개는 보이지 않았다. 잠시 뒤에 아내와 개가 같이 도착할 거라고 했다. 아마도 숨을 쉬지 않는 개를 먼저 발견한 것은 아내이고, 그는 밖에 있다가 소식을 듣고 병원으로 달려온 모양이었다. 개의 상태를 확인한 뒤에야 처치를 할 수 있다고 의료진이 말했다. 너무도 당연한 말이었다. "아, 미치겠네." 연신 낮게 중얼거리는 그 마음이 사무치게 와닿았다.

죽어가는 개가 도착하기 전에 살릴 준비를 해달라고 호소하고 싶었던 거다. 그 몇 분이라도 아끼고 싶었던 거다. 숨이 멎어가는 개의 시간을 멈출 수 없어서 무엇이든 하고자 했던 거다.

그 밤 루돌이는 엑스레이 찍기에 실패했다. 무리할 필요 없이 다음 날 컨디션을 지켜보고 다시 내원하라는 얘기를 듣고 나오는 길, 주차장에 차 한 대가 빠르게 와 섰다. 한 여성이 품 안에 개를 껴안고 내렸다. 루돌이보다 체구가 조금 작은 개였다. 주차장의 흐린 불빛 아래 스쳐 간 사람의 표정을 묘사할 수는 없을 듯하다. 방금 떠난 생명을 애도하고, 반려인의 슬픔의 시간이 너무 깊지 않기를 기원하는 것밖에 내가 달리 할 수 있는 일은 없었다.

루돌이가 삼킨 닭 뼈는 내장 어딘가를 지나고 있을 터였다. 뼈는 잘 썩지 않는다. 뼈는 무한하고, 생명은 유한하다. 지금 여기 '있는 존재'에게 도래할 훗날의 상실을 예감한다. 그리하여 언젠가 내게 닥치고 말 절절한 비애를. 언젠가는 무심코 꺼낸 플라스틱 뚜껑에서 낯익은 이빨 자국을 발견하고 망연히 주저앉을 날이 오리라는 걸 안다.

    루돌이의 몸 중에서 내가 가장 좋아하는 건 아무래도 뒤통수. 그 뒤통수를 어루만진다. 이 크지도 작지도 않은 개는 나에게 대체 무엇을 알려주었나!

★
감당하는 사랑

 이 봄은 루돌이와 함께하는 세 번째 봄이다. 겨울과 봄은 세 번, 여름과 가을은 각각 두 번씩 지났다. 살면서 이렇게 계절이 바뀌는 데 민감한 적이 없다. 하나의 계절에서 다른 계절로 넘어가고 있음을 가장 신속하게 알려주는 지표는 루돌이의 털이다. 단모종이면서 이중모인 녀석의 털 빠짐 정도는 그야말로 상상을 초월한다. 루돌이가 잠시 앉았다 일어난 의자 위는 빳빳하고 짧은 흰 털로 뒤덮인다. 우아하게 몸통을 양옆으로 두어 번 터는 동작을 하면, 이럴 수가, 순식간에 흰 털, 검은 털이 눈처럼 쏟아져 내린다. 특히 환절기엔 증상이 훨씬 더 심해져서 어느새 집 안 구석구석 수북해진 털 뭉치를 보면서 아, 또 계절이 바뀌려는구나, 달력을 새삼 들춰보게 된다.

원래 나는 청소에 목숨을 거는 인간이 아니었다. 다들 비슷하겠지만 어렸을 땐 방바닥에 옷가지를 허물처럼 벗어 던져두고 몸만 빠져나간 적도 많았고, 새 책을 펼칠 자리가 없을 만큼 책상 정리를 하지 않아서 잔소리깨나 들었다. 세상의 엄마들은 어디서 단체 교육을 받으시는지 우리 엄마도 "이게 돼지우리냐, 사람 방이냐"라는 소리를 자주 했다. 내가 방은 더럽게 써도 자기 객관화는 꽤 되는 편이라 그럴 때면 돼지한테 미안하다는 생각이 저절로 들 만큼 청결한 환경 유지에 관심이 없었다. 어른이 되어서도 좀처럼 청소형 인간으로 전환되지 않았다. 그런 나를 극적으로 변화시킨 존재가 루돌이다. 숨 쉴 때마다 털을 전투적으로 뿜어내는 개를 키우면서부터 테이프클리너(일명 돌돌이)가 일생일대의 생활필수품이자 하루 중 가장 오랜 시간 사용하는 애용품이 되었다.

처음 개를 키우기 시작했을 때 몇 가지를 각오했다. 배변 적중률이 100퍼센트가 아닐 수도 있다, 수컷이니 집 안에 마킹을 할 수도 있다 등등. 그렇지만 털이 이렇게 끝없이 빠른 속도로 뿜어져 나오는 현실은 예측 밖의 일이었다.

"이런 개를 어떻게 집 안에서 키워요? 털 빠짐이 감당되세요?"

한번은 산책길에 만난 사람이 얼굴을 찌푸리며 물어왔다. 어떤 물음표는 답을 듣겠다는 목적이 아니다. 나는 그의 얼굴을 똑바로 바라보려 애쓰며 대답했다.

"그럼요, 당연하지요."

그때 상대가 뱉은 '감당'이라는 단어를 입속으로 문득문득 굴려보곤 한다. 능히 해냄. 능히 견디어냄. 인간으로 하여금 무엇을 '능하게' 견디도록 하는 힘은 어디서 오는가 하고.

루돌이와 살아가기 위해 내가 또 하나 참는 게 있다면 아마도 집을 비우는 일이 아닐까 싶다.

루돌이가 온 것은 팬데믹이 완전히 끝나지 않았을 때였다. 팬데믹이 끝나고 해외여행이 다시 가능해지고 나서도 모두가 집을 비우는 여행은 꿈꾸지 못했다. 어려운 일이 이뤄진 건 근처에 사는 동생이 흔쾌히 루돌이를 맡아준다고 했기 때문이다. 그러나 집을 나서는 순간부터 불안해졌다. 분리불안에 시달리는 주체는 루돌이가 아니라 인간이었다. 어딜 가나 '개'만 보였다. 심지어 공항에서도 탐지견만 보였다.

여행지는 타이완의 남쪽 도시였다. 해변 풍경이 소박하고 고즈넉한 곳이었다. 도시 곳곳에 개가 돌아다녔다. 타이완은 유난히 반려견 숫자가 많은 곳이었다. 그 개들은 마을을 그저 편하게 돌아다녔다. 행인이 걸어 다니듯이 어슬렁어슬렁. '행견'이라고 불러도 될 듯했다. 외형적으로는 배를 곯고 다니는 것 같지 않았고, 낯선 이들을 피하는 것도 아니다. 주인이 있는 듯한데 없는 것도 같고, 그렇다고 전형적인 의미의 유기견은 아닌 모양인데, 그런 것도 같고. 도무지 정체성을 알 수 없는 개들이었다.

넓은 정원이 있는 호텔은 가족 단위 여행객이 많았다. 바닷가로 이어진 낮은 언덕 위에 음료도 팔고 간단한 스낵도 파는 야외 바가 있었다. 곳곳에 개집과 물그릇, 밥그릇이 놓여 있었다. 저녁 무렵이 되자 한 마리, 두 마리, 세 마리 모습을 보였다. 좀 전에 동네 시장을 돌아다니던 개들이었다. 녀석들은 바를 천천히 걸어 다니고, 개집 앞에 자리 잡고 앉아 졸고, 해 지는 바다 풍경을 심상히 바라보기도 했다. 직원도 손님도 다들 그러려니 하는 것 같았다. 직원에게 your dog이냐고 물었더니, no라고 했다. 호텔에서는 잠자리와 먹을 것을 제공한다고 했다. 누구의 소유는 아닌데 편하게 먹고 쉴 곳은 있다니. 내게는 완전히 새로운 개념이었다.

타이완에서는 집 없는 개를 '유랑견'이라고 부른다는 것을 알게 됐다. 유기와 유랑의 차이는 무엇일까. 그 차이에 대해 더 알고 싶어졌다. 나는 곁에 있을 때보다 더 자주 루돌이를 생각했다. 언젠가는 녀석에게도 이 바다를, 이 풍경을, 이곳의 개들을 보여주고 싶다고 소망한 그런 여행이었다.

미리 철저하게 계획을 세워두지 않는 한 급작스럽게 떠나는 여행 같은 것은 이제 가능하지 않다. 그게 가능한 날이 있었다는 것조차 까마득해졌다. 물론 평소에 내가 자주 훌쩍 떠나곤 하는 사람이었느냐 하면 그런 것은 아니다. 다만 언제든 마음만 먹으면 떠날 수 있지 하는 가뿟한 마음가짐으로 일상을 사는 것과, 잠깐만, 개는 어떻게 하고 간단 말인가라며 애초에 떠날 마음조차 먹지 못하고 무겁게 사는 것 사이에는 큰 차이가 있다.

그런 이유로 어린 시절부터 반려동물을 키우면 혹시 나중에 삶의 반경에 제약 같은 것이 생기지 않을까 하는 우려가 들었다. 인생에는 바깥세상이 얼마나 멀고 넓은지 탐구하러 떠날 수 있는 시기가 필연적으로 온다. 그럴 때 만약 곁에 돌봐야 할 동물이 있으면 아무래도 거리낌이 생길 것 같았다. 젊은 날의 다양한 선택지 중에서 어떤 것은 포기해야 할지도 모르니까. 내심 내가 인생의 중요한 가치를 가고 싶은 곳을 마음껏 돌아다니고 하고 싶은 일을 마음껏 하는 데 두고 있구나 깨달았다.

아직 10대인 B와 C도 영원히 루돌이 곁에서 함께할 것이라고 말한다. 나는 무슨 말인가를 덧붙이려다 그만둔다. 저 압도적인 애정의 영원성 여부를 지금 헤아릴 필요는 없을 것이다. 생각을 전환해보기로 한다. 마음먹으면 쉽게 떠날 수 있는 묶인 데 없는 삶이 더 행복하고 그 반대의 삶은 행복하지 않으리라는 가정 또한 편견일지 모른다고.

이렇게도 생각해본다. 머물러 있는 생활 속에서 한 인간을 기꺼이 행복한 기분으로 살아가게 하는 것은 매일매일 의무적으로 행하는 '빤한' 일들인지도 모른다고. 감당이란 그런 거라고. 그래서 나는 이 계절에도, 다음 계절에도 열심히 돌돌이를 밀 것이다.

그것이 나의 감당이다.

언제까지나 기다리기

내가 루돌이에 대해 알고 있는 것들.

루돌이가 좋아하는 것: 삶은 닭가슴살과 군고구마, 꿀 향기 나는 벌집 모양 껌, 풀밭과 흙밭 산책, 비둘기 쫓아가기(성공한 적 없음), 가족 여행, 국자라는 이름의 개와 찰리라는 이름의 개. 사랑하는 사람들의 무릎 위에 턱을 걸친 자세로 서서 졸기, 막 벗은 양말, 달걀말이처럼 생긴 노란색 헝겊 장난감, 엄마의 합성 고무 실내화, 모래사장 파헤치기, 보드라운 극세사 재질의 쿠션형 침대.

루돌이가 무서워하는 것: 파도치는 바다와 로봇 청소기. 두 사람과 같이 산책을 나갔는데 한 사람이 갑자기 사라지는 일.

　루돌이의 털은 검정색과 흰색이 대부분으로 눈썹과 얼굴 일부에만 소량의 연갈색 털이 나 있다. 얼굴의 연갈색 털은 각도에 따라 조금 납작하고 통통한 하트 모양으로 보이기도 한다. 왼쪽 뺨과 오른쪽 뺨에 두 개의 하트를 가지고 태어난 멍멍이가 나의 개라는 것이 내심 자랑스럽다. 루돌이에 대해 설명하려면 무엇보다 그가 매우 충직한 개라는 사실을 말해야 한다. 루돌이는 가족을 진심으로 사랑하며, 늘 힘껏 지키고 싶어 한다. 겁이 많다기보다 낯을 좀 가리고 내성적인 면모가 있어서 처음 보는 개들이 많은 곳이나 오프리시 운동장에 가면 중심 무리에 쏙 끼어들지 못하고 괜히 혼자 둘레를 빙빙 돈다. MBTI의 첫 글자는 I가 분명하다. 식당이나 카페에서 매우 얌전한 편이다. 바닥에 엎드린 채 가만히 기다린다. 사실 루돌이가 제일 잘하는 건 기다리는 일이다. 그는 언제나 기다리고 또 기다린다.

　출장으로 며칠간 집을 비워야 했다. 떠나면서 남은 이

들에게 거듭 당부했다. 루돌이 물, 루돌이 밥, 루돌이 배변 패드, 루돌이 산책, 루돌이, 루돌이, 루돌이!

  가장 잦은 빈도로 언급한 단어는 '물'일 것이다. 하루 음수량이 일정하게 정해진 것이 아니라 그때그때 다르기에 그렇다. 루돌이의 물그릇 용량은 꽤 큰데 하루에 몇 번씩 채워줘야 할 만큼 물을 많이 마시는 편이라 신경을 쓰지 않으면 어느새 물그릇이 비어 있다. 보통 때는 내가 주방의 정수기를 오가며 물을 채워주지만 내가 없으면 누가 그 일을 할 것인가. 아예 2리터짜리 생수병 한 묶음을 주문했다. 생수 네댓 병을 물그릇 옆에 일렬로 세워두었다. 뚜껑을 따서 부어주는 일이라면 누구라도 하겠지.

  현지에 도착하고 얼마 후 루돌이가 종일 기운 없이 축 처져 있다는 소식을 들었다. 밥도 잘 먹지 않고 침대 밑에 틀어박혀 예의 그 내 실내화 한 짝을 입에 물고 있다고 했다. 루돌이가 왜 그러는지 나는 안다. 그는 기다리는 중이다, 나를. 루돌이는 내가 왜 집에 들어오지 않는다고 생각할까. 어딘가에서 길을 잃어버리고 집을 못 찾고 있다고 생각하지 않을까. 루돌이의 생각에 대해 생각해보다가 그만 아득해졌다.

  인간은 기약을 안다. 디데이에 차츰차츰 다가가고 있음을 인지하면 힘들어도 기다릴 수 있다. 그렇지만 개는 디데이의 개념을 모른다. 내가 공기 중에 남기고 온 냄새는 점차 희미해지다 이내 사라졌을 테고 루돌이는 고요한 무작정의 세계에서, 참을성 대장의 후예답게, 다만 기다리는 것이다.

  내가 현관문을 여는 순간 루돌이가 가장 먼저 빛보다 빠른 속도로 뛰어나오리라는 건 말할 나위가 없다. 나를 보면 그는 공중제비를 세 바퀴 돌고, 흥분을 이기지 못해 컹컹컹 짖고, 내 다리에 매달려 정신없이 꼬리 춤을 출 것이다. 기쁨의 감정을 마음껏 표출할 것이다. 사랑하는 사람 앞에서 개는 아무것도 감추지 않고 위장하지 않으니까. 그 절대 순수의 세계를 이제 나도 알게 되었다. 나의 '어린 개' 덕분에.

에필로그

당신의 '어린 개'는 무엇인가요?

오랫동안 나는 '어린 개가 왔다'라는 문장에 보이지 않는 빈칸이 있다고 생각해왔다. 미지로 남겨진 루돌이의 기원을 알고 싶었다. 2022년 11월, 루돌이 가족이 처음 포획되었던 당시의 '포인핸드' 공고가 유일한 단서였다. 거기 적힌 발견 장소를 내비게이션에 입력하고 길을 떠났다. 지난겨울과 봄 사이의 어느 날이다. 먼 길이었다. 어린 개가 왔던 길을 되짚어 달려간 셈이었다.

네 시간여 만에 도착한 곳은 고즈넉한 산밑이었다. 상상만큼 외진 곳이 아니라 구획이 비교적 잘 정돈된 주택단지였다. 동네 어귀에서부터 개 짖는 소리가 요란했다.

동네 개들이 낯선 차의 배기음을 알아챈 모양이었다. 공터에 차를 세우고 루돌이와 함께 걷기로 했다. 루돌이는 팔랑팔랑 신나게 걸었다. 녀석은 이곳을 어떻게 기억하고 있을까. 기억에 남아 있기는 할까. 루돌이가 발견되었다는 장소에 도착하려면 완만한 언덕을 올라가야 했다. 가까이 다가갈수록 심장이 빠르게 두근거렸다.

주소지는 밭이었다. 겨우내 언 밭의 모서리를 바라보며 한동안 서 있었다. 루돌이가 밭에서 왔구나 생각했다. 돌아 나오다가 가까운 인가에 사는 개 두 마리를 보았다. 한 마리는 크고 한 마리는 작았다. 둘 다 루돌이처럼 검은색과 흰색이 얼룩진 개들이었다. 그중 큰 개는 보더콜리 믹스처럼 보였다. 저 개가 어쩌면 루돌이의 생물학적 아빠일 가능성이 있다는 의심이 스쳤다. 맞다면 루돌이의 혈통에 보더콜리의 품종이 섞였다고 볼 수 있는 건가. 주민을 마주치면 여쭙고 싶었는데 아무도 만나지 못했다.

루돌이 고향 방문으로 달라진 것은 없다. 아무래도 내가 그의 근원을 더 잘 알게 된 것 같지는 않다. 그 밭에 대해서는 아직 생각하고 있다. 2022년 가을엔 무엇을 심어

둔 밭이었을까, 김장철을 앞두고 무 수확이 한창이었을까, 산에 살던 엄마 개가 얼마나 굶주려 아가들과 거기까지 갔을까 하는 것들을. 오고 가는 동안 많은 생명을 보았다. 길 위를 위험하게 떠도는 개들, 짧은 쇠줄에 묶인 채 좁은 반경을 맴도는 개들이 잊히지 않는다. 루돌이를 만나기 전에 나를 둘러싼 세계에는 인간만이 존재했다. 편협한 줄도 몰랐다. 이제야 지구라는 장소를 공유하는 다른 종들의 삶에 자연스럽게 마음이 쏠리기 시작했다. 그 관심을 실천으로 옮기는 방법을 고민하고 있다. 이토록 지극한 개의 사랑을 받는 것에 조금 더 당당해지도록. 이 책은 그 자문의 시간이 만든 하나의 작은 흔적이다.

여기 실린 글을 처음 쓰기 시작했을 때 루돌이는 생후 4개월 즈음이었다. 이제 30개월이 훌쩍 넘었다. 부질없음을 모르지 않으나 간혹 개의 나이를 인간의 나이로 환산하는 표를 찾아본다. 환산표에 따르면 루돌이는 서른 살에 가까운 청년이다. 지난해 이맘때와 비교해 확연히 의젓하고 당당해졌다. 어린 시절의 까불까불하고 장난기

많은 모습이 평소엔 잘 드러나지 않는다. 그러나 완전히 사라진 것은 아니다. 아주 신났을 때, 주로 예상치 못한 기쁜 순간이 닥쳤을 때 흥분을 가누지 못하고 온 실내를 우다다 우다다 뛴다. 밖에서는 바닥(주로 풀밭)에 등짝을 마구 비벼댄다. 생기를 뿜어낸다. 새까만 눈동자는 반짝반짝 빛나고 숨을 헐떡이느라 입이 벌어져 마치 환히 웃는 듯 보인다. 실제로 웃는 것인지 알 수 없지만 나는 그렇다고 믿는다.

루돌이의 눈과 마주치는 아주 짧은 순간에 나는 살아 있음을 느낀다. 압도적인 기쁨과 어렴풋한 슬픔이 밀려든다. 사랑하는 개를 내가 행복하게 해주고 있다는 것은 압도적인 기쁨의 영역이다. 어렴풋한 슬픔은 이 순간이 영원하지 않다는 걸 알기에 온다. 이상하게 들릴 수도 있지만 어떤 동물과 깊은 교감을 나누어본 적 있는 사람이라면 무슨 말인지 이해하리라 생각한다.

책의 제목을 확정할 때 친구들에게 의견을 물었다. 시인 K가 '왔음'에는 '갈' 또한 내재한다고 말했다. 그 말이 계속 아른거린다. 어린 개가 왔고, 언젠가 갈 것이다. 어제와 내일 사이에는 '지금'이 있다. 사는 동안 몇 번의 전환기가 있었다. 술을 마시기 전/후, 소설을 쓰기 전/후, 운전을 하기 전/후, 출산과 육아를 하기 전/후. 루돌이를 만나기 전/후는 특별한 변곡점이다. 습관적인 회의감과 자기 모멸감이 들 때마다 내가 매일 성실하게 개를 돌보고 의무적으로 산책하는 사람이라는 사실을 떠올리려 애쓴다. 그러면 나쁜 기분이 좀 가라앉고, 스스로 아주 형편없는 사람은 아닐지 모른다는, 자부심이나 효능감이라기엔 약소하지만 그래도 안온한 어떤 공기가 마음에 스민다. 개의 리듬에 맞춘 단순한 일상이 주는 안정감과 회복력도 알게 됐다. 손에 쥔 아이스크림처럼 '지금'이 조금씩 녹아내리는 중이어도 미리 그리워하지 않겠다. 나의 얼룩 개와 더 자주 눈을 맞추고, 하루하루의 땅을 꾹꾹 눌러 밟으며 닿을 수 있는 곳까지 걸어갈 것이다.

◆◆◆

반려동물과 함께 사는 삶을 택한 사람들에게는 약속한

듯 모두 닮은 표정을 짓게 만드는 질문이 있다.

"처음에 어떻게 데려오게 되셨어요?"

눈꼬리가 살짝 아래로 내려가면서 입가에 설핏 미소가 번진다.

"어디부터 얘기해야 하나. 오래 함께했던 아이가 무지개다리를 건너고 나서 다시는 안 키우겠다고 결심했는데요, 어느 날 갑자기……."

그들이 들려주는 이야기는 비슷해 보일지 모르지만 맹세코 다 다르다. 하나하나 특별하고 경이롭다. 사랑의 내력이란 마땅히 그런 것이므로. 이제 내 차례다.

"음, 사실 저는 원래 개를 만지지도 못하는 사람이었어요. 그런데 어느 날 갑자기……."

나와 루돌이의 이야기는 현재 진행형이다. 나는 이제 안다. 누구의 인생에도 '어린 개'의 순간은 온다는 것을.

추천의 말

손보미(소설가)

《어린 개가 왔다》를 읽는 동안 다섯 번 울고 열 번 소리 내어 웃었다. '그냥' 개와 '그냥' 내가 만나 이 우주를 기우뚱하게 만드는 강력한 힘이 발휘되는 순간들. 소중한 대상을 지키기 위한 용기, 분투, 사랑. 그리고 나의 어린 개. 너무나 작지만 너무나 크고, 너무나 크지만 너무나 작은 어린 개를 만나지 못했다면 영영 알지 못했을 세계.
서로를 구원해준다는 이 문장이 뻔한가? 하지만 나는 지금 이것보다 적절한 표현을 찾을 수가 없다. 왜 아니겠는가? 서로가 서로에게 단 하나의 세계를 가져다줬는데. 이 책을 다 읽고 나면 누구라도 자신만의 어린 개 한 마리를 마음속에 품게 될 것이다.

요조 (뮤지션, 작가)

보호자를 바라보는 개의 눈을 보다 보면, 이 눈빛은 몇 년에 걸쳐 만들어졌을까 싶다. 개란 본래 늑대였다가 인간에게 적응하고자 아주 긴 시간 진화를 거친 거라 하던데. 원래는 잘 짖지 않는 존재였다는 저 생명의 멍멍 소리는, 저 낑낑 소리는 대체 몇천 년에 걸쳐 만들어졌을까. 인간을 향한 개의 사랑이 보여주는 진화를, 그 유구한 시간을 생각하면, 그러나 그토록 오래 걸린 진화가 인간에 의해 간단하게 밟히고 차이고 버려지는 것을 생각하면, 말할 수 없이 참담해지고 만다.

나는 그 참담함을 이런 책으로 견딘다. 인간 쪽에서의 진화를 시도하는 책으로. 정이현 작가의 용감한 진화를 목격하며 나는 또 한번 가까스로 희망을 잃지 않고, 힘을 낼 힘을 축적한다. 솔직히 말해 이 책의 추천사 지면을 기립박수 소리로만 꽉 채우고 싶은 것을 꾹 참고 있다.

어린 개가 갔다

ⓒ 정이현 2025

초판 1쇄 발행 2025년 6월 6일
초판 2쇄 발행 2025년 7월 7일

지은이   정이현
펴낸이   유강문
문학팀   최해경 박선우 박지호
마케팅   김한성 조재성 박신영 김애린 오민정
펴낸곳   (주)한겨레엔 www.hanibook.co.kr
등록   2006년 1월 4일 제313-2006-00003호
주소   서울시 마포구 창전로 70 (신수동) 화수목빌딩 5층
전화   02) 6383-1602~1603 | 팩스 02) 6383-1610
메일   munhak@hanien.co.kr
ISBN   979-11-7213-266-8 03810

- 값은 뒤표지에 있습니다.
- 파본은 구입하신 서점에서 바꾸어 드립니다.
- 이 책의 일부 또는 전부를 재사용하려면 반드시 저작권자와 ㈜한겨레엔 양측의 동의를 얻어야 합니다.

이 책의 저자 인세 일부는 전남 구례의 유기견 구조 단체인 산수유독의 활동을 위해 기부됩니다.